軍師 黒田官兵衛の霊言

「歴史の真相」と「日本再生、逆転の秘術」

大川隆法

まえがき

本年、一気に知名度の上がった感のある「軍師・黒田官兵衛」の霊言である。ＮＨＫの日曜日夜の大河ドラマであるので、興味・関心をお持ちの方も多いであろう。

今、この国にあっては、政府においても、企業においても、戦略戦術が必要な時であるので、ドラマでも是非、官兵衛の智謀《ちぼう》を描《えが》いてほしいものだ。

本書を読むことで官兵衛の知略のレベルが推定できると思うので、名優・岡田《おかだ》准一《じゅんいち》を主役に使ってまで、ＮＨＫに平凡なドラマを創ってはほしくない。

本書は「大河ドラマを百倍楽しむ法」でもあるが、同時に「日本再生、逆転の秘術」でもあると思う。

二〇一四年　一月二十九日

幸福《こうふく》の科学《かがく》グループ創始者兼総裁《そうししゃけんそうさい》　大川隆法《おおかわりゅうほう》

軍師・黒田官兵衛の霊言　目次

軍師・黒田官兵衛《くろだかんべえ》の霊言《れいげん》

――「歴史の真相」と「日本再生、逆転の秘術」――

二〇一四年一月二十一日　収録

東京都・幸福の科学　教祖殿《きょうそでん》　大悟館《たいごかん》にて

「霊言現象《れいげん》」とは、あの世の霊存在の言葉を語り下ろす現象のことをいう。これは高度な悟《さと》りを開いた者に特有のものであり、「霊媒現象《れいばい》」（トランス状態になって意識を失い、霊が一方的にしゃべる現象）とは異なる。

なお、「霊言」は、あくまでも霊人の意見であり、幸福の科学グループとしての見解と矛盾《むじゅん》する内容を含《ふく》む場合がある点、付記しておきたい。

軍師・黒田官兵衛《くろだかんべえ》の霊言《れいげん》

――「歴史の真相」と「日本再生、逆転の秘術」――

二〇一四年一月二十一日　収録

東京都・幸福の科学　教祖殿《きょうそでん》　大悟館《たいごかん》にて

黒田官兵衛《くろだかんべえ》（一五四六～一六〇四）

戦国時代から江戸《えど》時代前期にかけての武将・大名。播磨国《はりまのくに》の姫路《ひめじ》に生まれる。諱《いみな》は孝高《よしたか》であるが、一般《いっぱん》には通称《つうしょう》をとった黒田官兵衛、あるいは出家《しゅっけ》後の号をとった黒田如水《じょすい》として広く知られる。豊臣秀吉《とよとみひでよし》の側近として仕え、軍略や外交面でたぐいまれな才能を発揮。また、竹中重治《たけなかしげはる》（半兵衛《はんべえ》）と双璧《そうへき》をなす秀吉の参謀《さんぼう》（軍師）であり、後世《こうせい》、「二兵衛《にへえ》」「両兵衛《りょうべえ》」と並び称された。

質問者　※質問順
酒井太守《さかいたいしゅ》（幸福の科学宗務《しゅうむ》本部担当理事長特別補佐《ほさ》）
武田亮《たけだりょう》（幸福の科学副理事長 兼《けん》 宗務本部長）

［役職は収録時点のもの］

1　豊臣秀吉《とよとみひでよし》が恐《おそ》れた天才軍師を招霊《しょうれい》する

二〇一四年大河《たいが》ドラマの主役である黒田官兵衛《くろだかんべえ》

大川隆法　今年（二〇一四年）のＮＨＫの大河《たいが》ドラマは「軍師官兵衛《かんべえ》」であり、黒田《くろだ》官兵衛を取り上げています。ただ、「永遠《えいえん》の０《ゼロ》」という映画で大ヒットを飛ばしている岡田准一《おかだじゅんいち》を主役に登用してはいるものの、第三話が終わったところで、立ち上がりにやや苦しんでいる様子ではあります。

おそらく、官兵衛の名前や、その仕事内容について知っている人が少ないのではないでしょうか。

確かに、信長《のぶなが》、秀吉《ひでよし》、家康《いえやす》であれば、よく知っていましょうが、戦国時代でも明石《あかし》の辺りの物語になると、よく分からない人が多いのだと思います。

また、大河ドラマが始まるに当たって、黒田官兵衛の関連本が、私の見たかぎりでも十冊近くはありましたが、どれを読んでも分かりにくいというか、難しい感じがしました。つまり、さまざまな官兵衛関連の人物が出てくるのですが、そもそも、みな知られていないわけです。周りの関連する人たちのことを知らないために、読むのが難しく感じられるのでしょう。

昔、司馬遼太郎《しばりょうたろう》さんが、『播磨灘《はりまなだ》物語』という黒田官兵衛の物語を書いていたと思いますが、その司馬遼太郎さんも亡《な》くなってから少し時間がたちましたし、私自身、その本は古本で読んだ記憶《きおく》があるくらいです。

そうなると、その本を読んだ層は、かなり年が上になっていると思われますので、今の壮年《そうねん》層や若者たちの多くは知らないのではないでしょうか。

秀吉《ひでよし》をも恐《おそ》れさせた官兵衛の洞察力《どうさつりょく》

大川隆法　ちなみに、最終的に秀吉《ひでよし》に仕えることになる軍師には、竹中半兵衛《たけなかはんべえ》と黒田官兵衛という、「二兵衛《にへえ》」と言われる二人の天才軍師がいました。これは、歴史通の人であれば知っていることでしょう。なお、竹中半兵衛のほうが、少し先輩格に当たります。

ただ、黒田官兵衛のほうは、秀吉を怖《こわ》がらせた人でもあったようで、「秀吉は、『わしのあとは、もしかしたらあいつに天下を取られるかもしらん。あまり大きな領地や軍隊を与《あた》えたら、取られるだろう』と言って恐《おそ》れた」というような話が遺《のこ》っています。

それは、中国の漢《かん》の時代に、劉邦《りゅうほう》が、「韓信《かんしん》にやられるのではないか」と怖がっていたのと同じような感じを受けたのかもしれません。

もちろん、官兵衛は「軍師」であって、「将軍」ではないのですが、そのくらいの頭のよさがあったのではないかと思います。

印象的なことは、秀吉が備中高松城《びっちゅうたかまつじょう》の水攻《みずぜ》めをしているときに早馬《はやうま》が来て、「信長が本能寺《ほんのうじ》で光秀《みつひで》に討《う》たれた」という情報が入ったときのことです。秀吉は、すぐに街道を封鎖《ふうさ》して敵に知られないようにしながら、あっという間に、城主の清水宗治《しみずむねはる》に切腹《せっぷく》を命じました。もはや、水攻めで城は湖に浮《う》かんでいるような状態になってはいたのですけれども、「舟《ふね》に乗って出てきて切腹すれば、ほかのみんなは助けてやる」と伝え、速攻で〝片をつけた〟のです。

その後、十日余りで「中国大返《ちゅうごくおおがえ》し」をして光秀を討ったわけですが、そのあまりの速さに、他の諸将の誰《だれ》も追いつけませんでした。信長の部下は、みな、いろいろなところへ攻めに行っていたこともありますが、光秀であっても、まさかそんな速度で来るとは思っていなかったほどの速度だったのです。

やはり、情報をキャッチしたときに、すぐに遮断《しゃだん》して、相手に入《い》れないようにしたこともうまかったとは思いますけれども、とにかく、「大返しをして一番乗りしなければいけない」ということだったのでしょう。ただ、これは官兵衛が勧《すす》めたことのようではあります。

なお、「信長が横死《おうし》した」という話を耳にした瞬間《しゅんかん》に、官兵衛が秀吉の耳元で、「殿《との》。ご武運《ぶうん》が回ってきましたね。天下を取れますよ」というようなことを、どうもそのかしたらしいと伝えられているのです。もちろん、誰が聞いたかも分からず、録音が遺っているわけでもないのですが、まるで見てきたような話になっています。本当か嘘《うそ》かも分かりませんし、誰かがつくった話かもしれません。ともかく、それを聞いた秀吉は、「うれしい」と感じると同時に、「こいつは怖いなあ」と思ったと言われています。

つまり、官兵衛は、その一瞬で、「秀吉の天下が来る」ということが読めたわけです。その分析《ぶんせき》の鋭《するど》さや、洞察力《どうさつりょく》の怖さゆえに、「自分のあとは、こいつがやるのかもしれない」という思いがあって、秀吉は、あまり石高《こくだか》を与えずにいたのでしょう。

秀吉《ひでよし》の目を眩《くら》ませてうまく生き延びる

大川隆法　なお、官兵衛本人も、晩年は出家《しゅっけ》してみたりと、一生懸命《いっしょうけんめい》に、上手な逃《のが》れ方を考えたようです。

先ほどの漢の劉邦について言えば、宰相《さいしょう》の蕭何《しょうか》、軍師の張良《ちょうりょう》、大将軍の韓信という三《さん》傑《けつ》がいたわけですけれども、韓信が強すぎて、もし劉邦と戦ったら劉邦のほうが負けるであろうことは、劉邦も部下もみな分かっていた

『真の参謀の条件』
―天才軍師・張良の霊言―
（幸福実現党）

のです。

さらに、劉邦の奥《おく》さんの呂后《りょこう》もそれを知っており、「天下を統一したあとは、韓信を殺さなくてはいけない」と思っていたため、剣《けん》を持っては入れないような祝いの席を設《もう》けて韓信を招き、そこで捕《と》らえました。●あの人は、いつも剣を持っていないときにやられる傾向《けいこう》性があるようですが、そこで捕らえられて殺されたのです。

一方、軍師の張良は賢《かしこ》く、自分もやられると見て、いち早く隠居《いんきょ》し、逃《に》げました。

それと同じく、官兵衛も、晩年、出家して、秀吉《ひでよし》の目を眩《くら》ましたようではあります。

なお、官兵衛は、キリスト教に帰依《きえ》してはいるものの、秀吉が、キリシタン禁止令を出したので、かたちの上では棄教《ききょう》しました。しかし、亡くなったときは、

●**韓信の傾向性**　韓信の魂が転生した日本武尊は、たまたま護身用の草薙剣を携帯せずに山を登ったとき、猪に化けた山の神の牙にかかって重傷を負い、それが原因で亡くなったとされている。(『日本武尊の国防原論』参照)

キリスト教式で葬《ほうむ》られたようなので、棄教は、本心ではなかったのではないでしょうか。確かに、堺《さかい》の辺りを中心にキリスト教の宣教が進んでいましたし、信長もそれを奨励《しょうれい》していたこともあるので、信仰《しんこう》を持っていたのかもしれません。

ただ、このへんについては、今日、何かを探《さぐ》れるかどうかは分からないでしょう。

軍師・黒田官兵衛を招霊《しょうれい》する

大川隆法　いずれにしても、難しい物語のようなので、今日は、なるべく分かりやすい感じにすることをメインにしたいと思います。ＮＨＫの大河ドラマを観《み》ている〝家庭の主婦のみなさま宛《あ》て〟に収録し、「ああ、こんな人なのね。だいたい分かった」という感じで観られるようにできれば幸いです。

また、「見識」とか、「考え方」とか、そういうものを中心に、幸福の科学として特徴《とくちょう》的なものをやりたいとは思っています。

あまり資料に基《もと》づく考証学的なことを行うと分かりにくいので、できるだけ、「どんな人なのか」という人物像や、考え方の筋のようなものを追っていきたいと思います。よろしくお願いします。

それでは、現在のＮＨＫの大河ドラマ「軍師官兵衛」で、テーマとして選ばれた黒田官兵衛氏の霊《れい》をお呼びいたします。

そのお考えやご見識、あるいは、現代日本や世界に対するご意見等、いろいろありましたら、私どもに何らかのお力添《ちからぞ》えをくださいますことを心の底よりお願い申し上げます。

黒田官兵衛よ。

黒田官兵衛の霊よ。

どうか、幸福の科学教祖殿《きょうそでん》に降りたまいて、われらにそのお心のうちを明かしたまえ。

黒田官兵衛よ。

黒田官兵衛よ。

どうか、幸福の科学大悟館《たいごかん》に降りたまいて、その心のうちを明かしたまえ。

（約五秒間の沈黙《ちんもく》）

2　織田信長《おだのぶなが》に仕官した「大局を見抜《みぬ》く力」

ＮＨＫ大河《たいが》ドラマの「感想」を語る

酒井　こんにちは。

黒田官兵衛　うーん、来たか。

酒井　ええ。もう、そういう時期でございますので。

黒田官兵衛　来たねえ。来るとは思ったけどな。

酒井　はい。

黒田官兵衛　いやあねえ、ちょっと放送が進んでからのほうがいいかなと思ってたのよ。

酒井　そうですか。

黒田官兵衛　ええ。まあ、もっと早くに、リクエストは来ていたようではあるけど、ちょっと、（大河《たいが》ドラマの）出だしの評判を見てからがいいかなあと……。今、〝清盛《きよもり》〟（二〇一二年の大河ドラマ）と〝競争〟させられて、やや不本意ではあるのでね。

酒井　（笑）（会場笑）さようでございますか。

黒田官兵衛　ちょっと挽回《ばんかい》に入らないといかんわねえ。

酒井　そうですね。視聴《しちょう》者の方々も、戦国の立役者である「黒田官兵衛」という方を具体的に知るところまで、いっていないと思われます。

黒田官兵衛　分からんのだろうね。それに、人物像として、「あんな岡田准一《おかだじゅんいち》のような二枚目俳優がやるのはどうか」というふうな面も、多少あるのかねえ……。

酒井　ちょっと、ご不満があるのですか。

黒田官兵衛　うーん、あんなかっこええかなあ。

酒井　（笑）

黒田官兵衛　イヤッ、アハハハ……。だから、いやあ、彼に、そんな汚《きたな》い……、「汚い」と言ったらあれだけど、そういう軍略・兵法を使って、人を計略にかけたりして、戦《いくさ》をやるようなことができるのかなあ、実際に。

酒井　まあ、彼もそうとう勉強しているというお話ですので……。

黒田官兵衛　うーん、そうだろうけど、武将のほうで戦って勝つほうだったら、彼はかっこいいと思うよ、きっとな。

自分のほうが、自ら斬《き》り込《こ》んでいって、やる役だったら、すっごいかっこいいだろうけど、びっこを引く軍師みたいな者では、ちょっとかわいそうな感じがあったなあ。

天下取りの軍師としての「才能」を生まれ持っていた

酒井　ただ、やはり、黒田官兵衛様は、戦国のトップレベルの軍師ですから。

黒田官兵衛　うーん。

酒井　秀吉《ひでよし》政権も、ほぼ、あなた様の手によってなされたと……。

黒田官兵衛　いや、君、口がうまくなってるんじゃないか？

酒井　いえいえ。とんでもないです。

私は、あなた様の人生には非常に興味がありまして、さっそくお伺《うかが》いしたいのですけれども、幾《いく》つか、「なぜなのか」という疑問があるのです。

黒田官兵衛　ＮＨＫが、なんでやるのか？

酒井　いえいえ、違《ちが》います。あなた様は、「なぜそういう判断をしたのか」というところが、非常に特徴《とくちょう》的な、大胆《だいたん》な判断をされると思うのです。

黒田官兵衛　そうかねえ。当ったり前のことしか、ないんだけどなあ。

酒井　例えば、播磨国《はりまのくに》、今の兵庫《ひょうご》県の辺りにいながら、なぜ、あそこで、毛利《もうり》につかず、あるいは、三好《みよし》もあったけど、その、さらに遠くの「織田《おだ》につくべきだ」と主君に進言したのか。このへんの判断が、ものすごく大胆ですよね。普通《ふつう》だったら、「毛利についておこうか」とか、「三好についておこうか」とか、「近くにいる大物につこう」と思うではないですか。

黒田官兵衛　うーん。

酒井　もう、あのあたりから、「織田信長《のぶなが》が天下を取る」と、どうして判断したのか。このへんからお聞かせいただければと思います。

― 16世紀後半の勢力分布 ―

毛利隆元《たかもと》
(1523 ～ 1563)
毛利氏第 14 代当主。
毛利元就《もとなり》の嫡男。

小寺政職《こでらまさもと》
(1517 ～ 1582)
官兵衛が仕えていた播磨御着《ごちゃく》城主。毛利・三好・織田勢力の狭間で追い詰められていた。

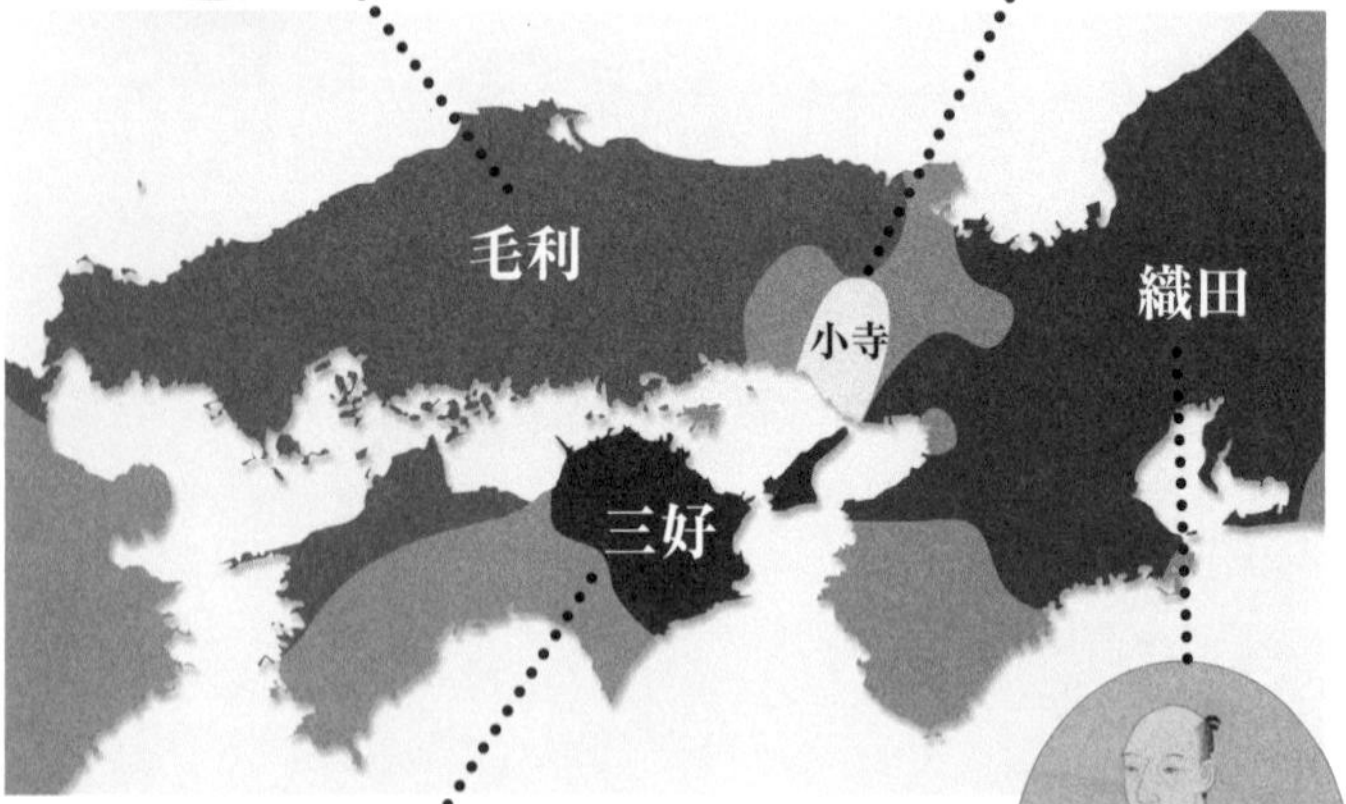

三好一族
室町から戦国時代にかけて畿内・四国等で活躍した一族。三好長逸《ながゆき》・三好政康《まさやす》・岩成友通《いわなりともみち》の「三好三人衆」が有名。松永久秀とともに室町幕府第13代将軍・足利義輝を暗殺（永禄の変）するが、織田信長の上洛で衰退する。

織田信長
(1534 ～ 1582)
尾張国から勢力を拡張、足利義昭を追放し、室町幕府を滅ぼす。

黒田官兵衛　それはねえ、しかたないんじゃないか。

まあ、県知事を補佐《ほさ》する、補佐役もいるわなあ。副知事とか出納長《すいとうちょう》とか、そらあ、いると思うけど、「県知事を補佐してるレベルの人」と、「首相を補佐するぐらいのレベルの人」とでは、やっぱり見識には違いがある。

だから、「地元のことしか見えないレベルの軍師」もいると思うが、「全国レベルでキャッチできる人」もいるっていうことだよ。

やっぱり、同類は感じ合うものがあるからさ。似たような軍略・兵法等を使える人を見れば、レベルがだいたい分かるし、時代的には、「誰《だれ》が天下を取っていくか」っていうことに、みんな関心があったことは事実なのね。関心はあったんだよ。

ただ、関心はあったけど、そりゃあ、現代でも、俳優だろうが歌手だろうが、出てきたときに、「この子はいける」とかですな、「この人は主役が取れて評判になる」とかいうふうに、見える人と、見えない人とがいるわなあ、実際はねえ。

だから、それはしかたない。もう、生まれ持っての器量もあろうし、多少、そりゃあねえ、やっぱり知力がなきゃ駄目《だめ》だから、そのような兵法書等も勉強はしたけども、まあ、勉強した人は、ほかにもたくさんいるだろうからねえ。読んでも実戦になったら、それを応用できない人はいっぱいいる。

それは、今の秀才《しゅうさい》たちが、学校で勉強できても、社会に出たら、実戦で使えないでいるのと同じだよな。兵法で学んでも、それが実際に使えるかどうかっていうのは別だわなあ。

官兵衛は、播磨御着《ごちゃく》城主・小寺政職《こでらまさもと》に対し、並みいる家臣が毛利側につくことをすすめるなか、将来性を見て織田側につくことを進言、聞き入れられる。さらに、信長への使いとして派遣され、中国地方攻略の要を説いて気に入られ、名刀・圧切長谷部《へしきりはせべ》を授かった。
のち、秀吉率いる中国出征軍に姫路城を提供し、毛利氏攻略の重要拠点となった。
（写真：現在の姫路城）

だから、実戦に強いかどうか。実地にそれを適用したら、どうなるか。「孫子《そんし》の兵法」だって、みんな読んでるわなあ。中国人から日本人まで、みんな読んでる。

みんな読んでいて、読んでる者同士が戦って、それで、ある者は勝ち、ある者は負ける。同じ教科書を読んでも、「それをどう使うか。その立場だったら、孫子はどう考えるか」っていうようなことが、やっぱり、分かる人と分からん人がいる。

まあ、これも、認識のレベルの問題だわな。

だから、織田になぜついたか。これは、（NHKの）連続物で出てくるんだろうから、あまり言うのは、よろしゅうはないんだろうけど（会場笑）。

酒井　いや、「大筋《おおすじ》を話してもいい」とは思いますけどもね。

●**孫子の兵法**　中国春秋時代の軍事思想家・孫武の説いた兵法。官兵衛は、高倉山城の攻略等に、孫子の「囲師必闕《いしひっけつ》」（敵の三方を囲み、わざと残り一方を開けて逃げ口を設けておく）を用いている。

黒田官兵衛　うーん、まあ、あまりＮＨＫさんの〝業務妨害《ぼうがい》〟はしたくないのでね。まあ、どういうふうにつくられるか、脚本家《きゃくほんか》がどんなふうにお書きになってるか、知らんからさあ。「最後は、あんまり悪者にしてほしくないなあ」とは、思うてはおるけれども。

うーん、でも、そういう才能ではあったのかなあという感じはするなあ。

どの世界にも共通している「成功」に必要な力

酒井　そこでの判断のもとになった情報は、どこから得られたのでしょうか。織田信長と、直接、会ったわけではないですよね？

黒田官兵衛　うん、そうだねえ。

だけど、戦《いくさ》とかそういうものについての情報は、いろいろ入ってくるからね。ビンビンと入ってくるので、やっぱり、軍師の竹中半兵衛《たけなかはんべえ》とかねえ、そういうあたりのやり方とか、ああいうのには、何かピンとくるものが、あることはあったわねえ。

それで、私のところは、そんなに大した人材が周りにもいなかったんでねえ。

その意味で、何て言うかなあ、孤《こ》独《どく》はあったよなあ。孤独っていうか、

竹中半兵衛
（1544～1579）
黒田官兵衛とともに「二兵衛」と称される豊臣秀吉の名参謀の一人。美濃・斎藤義龍《よしたつ》、龍興《たつおき》に仕えたが、斎藤家が信長に滅ぼされたあと、信長から家臣になるよう誘われた。のち、秀吉に仕え、官兵衛と協力して中国地方の平定等に活躍。また、信長に殺されそうになった官兵衛の息子・長政の命を救ったため、官兵衛は半兵衛に対する恩義を感じ、竹中家の家紋「黒餅（石餅）」を黒田家の家紋の一つに用いたとされる。

理解してもらえない孤独っていうね。

「自分は、県レベルで政治をやっているような人間ではないんだ」っていうことを言っても、周りに分かってもらえない。

でも、「ここは兵庫県庁なんだ。兵庫県庁の人間が、兵庫県以外のことについて関心を持つな」って、こう言われてもだねえ、やっぱり〝全国レベル〟について関心を持つ人がいたら、うぬぼれておるか、野心家であるか、誇大妄想家《こだいもうそう》であるか、うーん、何か抜《ぬ》けているか、そんなふうに見えるわなあ。

酒井　例えば、現代なら、「あの人が天下を取る」とか、「あの人についていくべきだ」とか、「ああいう団体に所属すべきだ」とか、このへんの「筋を読む力」と、かなり似たような能力をお持ちだったと思うのです。

黒田官兵衛　それは、まあ、全部、基本的にそれなんじゃないの？　事業家として成功するかどうかも、あるいは、芸能界であれば、プロデューサーとかディレクターとかで成功する人でもそうだろうし、作家をやっても、そりゃあ、当たるかどうかはそうだし、みんな、どの筋でもですねえ、一級品まで行けば、似たようなところはあるんじゃないかねえ。

軍師としての「判断」の秘訣《ひけつ》とは

酒井　そのような、「筋を読む力」、「大局を読む力」が、黒田官兵衛様にはそうとうあったと思うのですが、その要諦《ようてい》といいますか、どうすれば、そのように、同じ情報から違うものを判断できるのですか。

黒田官兵衛　まあ、それは、岡田准一君の演技が今後どうなるのか、私は知らん

●岡田准一　ジャニーズ事務所所属の俳優・歌手。映画「永遠の０」（2013年12月公開）主演、2014年ＮＨＫ大河ドラマ「軍師官兵衛」の主演を果たす。

からさあ。これを見てみないことには、ちょっと分からんけど……（会場笑）。

酒井　いえ、歴史的な事実のほうで言ってください。

黒田官兵衛　これをどんなふうにＮＨＫさんが描いてくれるのか、私は知らんけどさあ、彼みたいな二枚目俳優を使う以上、ちょっと情《じょう》も絡《から》めてくるやり方をするとは思うけどもね。

まあ、情がないわけではないよ。人間だから、そらあ、私情っていうのはあることはあるけれども。やっぱりねえ、あの時代にあって、心空《むな》しゅうして、情の部分を超越《ちょうえつ》してねえ、透徹《とうてつ》した目で、何て言うかね、理性的に物事を見られるか……。

「自分はこの人のご恩になったから、この人に偉《えら》くなってほしいな」っていうのは、もう人間の情でしょう？　これはね。

酒井　そうですね。

黒田官兵衛　だから、そういう見方ではなく、「自分の主君である」とか、「自分の親戚《しんせき》である」とか、そういうものだけではなくて、「どちらが地理的に近い」とか「遠い」とか、そういうことでもなくて、そういう情の部分を抑《おさ》えて、理性的に物事を比較考量《ひかくこうりょう》する。そして、「こういう条件から見て、こっちが勝つ」とか「有利だ」とか、あるいは、将棋《しょうぎ》を指しているのを見て、「これは何段ぐらいの腕《うで》だ」とか、こう見抜《みぬ》く力だねえ。

これについては、当時の考え方で、「客観性」とか、「理性的だ」とかいう言葉は分かりにくい。

それはとても分かりにくいことだと思うけども、分かる人が見ればね、そりゃあ、千《せんの》利《り》休《きゅう》が茶《ちゃ》の湯《ゆ》で有名になったとしても、秀吉に殺されるぐらいのことは、とっくの昔に分かってただろうと思うよ。「いずれ、これは殺される」というぐらいは、予言者でなくても、たぶん分かったと思うねえ。

それは、性格を読んで、「この人の場合、このへんでぶつかる」とか、こういうのは読めたはずだから。

まあ、このへんで、いかに理性的であるべきか。現代で言うと、これは、けっこう理数

千利休（1522〜1591）
茶人。侘び茶の完成者として「茶聖」と称される。信長の茶頭として取り立てられ、信長没後は秀吉の茶頭を務め、長らく多大な政治的影響力を保ったが、のちに秀吉の不興を買い、切腹。
なお、利休から熱心に学んだ官兵衛は、その茶訓を三箇条にまとめて書き付けた。

系的な頭脳も必要とする考えだとは思うんだけども、「感性」というか、「感情」の部分がないわけではない。それも計算のうちに入ってはいるけれども、流されないことが大事で……。

酒井　流されない？

黒田官兵衛　うん。そういう私情に流されない。あるいは、「顔見知りであるかどうか」というようなことに流されない。「恩義を受けたかどうか」に流されないで、やっぱり、「客観的に、諸将の実力や時代の流れを読む。読み切る」というところだねえ。

そして、「勝負師としての判断は、かけなきゃいけない」というところだよ。戦《いくさ》っていうのは、負ければ、もうそれで終わりですから。

そういうふうに、「勝ち負けにこだわるのはよくないことだ」と現代の人は思うんだろうし、「平和主義が優《すぐ》れていて、勝ち負けを考えることは悪いことだ」と思うのかもしらん。ただ、実際に戦国の世であれば、「負ける」ということはだねえ、まあ、武将が斬られるのはしかたがないかもしれないけれども、庶民《しょみん》も猛火《もうか》に焼かれるし、あるいは、女子供《おんなこども》たちも、路頭《ろとう》に迷ったり、身分を落としたり、殺されたりして、死んでいくわけだからねえ。

だから、負け戦《いくさ》っていうのはね、基本的に、あんまりいいことではないんだよ。

3　なぜ、危険を冒《おか》して囚《とら》われの身になったのか

荒木村重《あらきむらしげ》を説得に行ったときの「心情」を語る

酒井　そのような時代ですので、逆にまた一つ、疑問があります。●荒木村重《あらきむらしげ》という方が、お近くにいたわけですが、その方は謀反《むほん》しました。

黒田官兵衛　うん。

酒井　それで、その方を説得するために、あなた様は、どう考えても無謀《むぼう》な説得に入り、結局、幽閉《ゆうへい》されて、囚《とら》われの身となり、足を悪くし、体がボロボロにな

ってしまいましたし、しかも、息子《むすこ》（黒田長政《ながまさ》）まで、信長《のぶなが》に殺されそうになりました。

黒田官兵衛　そうだね。

酒井　こんなことを、なぜ、あなた様はしたのでしょうか。それだけ判断の鋭《するど》い方が、なぜ、そのような説得に突入《とつにゅう》したのでしょうか。これも、私には疑問なのですけれども。

黒田官兵衛　うーん、まあ、これは、ドラマでは、まだこれから描《えが》かれるところだから、あまり明かすと、ちょっと申し訳ないからな。

酒井　（笑）いいではないですか。

黒田官兵衛　そりゃあ、脚本家《きゃくほんか》の腕《うで》がどうかはちょっと分からんから、私の口からあんまり言うのは、どうかなあとは思うけれども……。

酒井　「それが理性なのか、情なのか」というところを……。

黒田官兵衛　まあ、理性的に見て、荒木そのものはだねえ、やはり、「才能のある方《かた》であっただろう」とは思うんだよな。

だから、「戦力に変えれば、実にいい戦力になる方ではあった」と思うし、知り合いでもあったのでねえ。「何とか説得することができないかどうか」っていうことだね。

やっぱり、中国の戦国物を見ても、単身乗り込《こ》んでいって説得するなんて、よくある話ではあるんでねえ。そういう気持ちかなあ。たとえて言えば、曹操《そうそう》が関羽《かんう》を説得して、「主君が見つかるまでは、臣下《しんか》にとどまれ」と言ったような、あんな気持ちかなあ。そういうのもあったしねえ。まあ、才能自体を、ある程度、愛していたところはあるんだよ。だから、向こうが私を幽閉して、信長が「（黒田官兵衛の）息子を殺せ」とまで言うようになるところは、たぶん、ＮＨＫの描き方から見ると、情に流れるというか、左翼《さよく》的な描き方をするので、「すごく甘《あま》ったるい、偽《にせ》クリスチャンみたいな描き方をするんじゃないかなあ」っていう気はするんだよな。まあ、すごく甘ったるい男に、描くんじゃないかなあ。

酒井　（笑）なるほど。では、そのようなものではないということですね。「実は

荒木村重（1535 ～ 1586）
摂津有岡城主。信長に気に入られて各地で武功を挙げるも、突如、反旗を翻《ひるがえ》す（有岡城の戦い）。一族は次々と処刑されたが、自身は本能寺の変後まで生き延び、出家。後年を茶人として送った。
なお、村重が謀反を起こしたとき、親しい間柄だった官兵衛は、単身、村重の説得に赴いたが、城内に幽閉されてしまう。村重は味方につくよう説得したが、官兵衛は拒否。1 年後、落城の際に救出されたときには、足腰が立たないほど衰弱し、左脚に後遺症が残った。

黒田長政（1568 ～ 1623）
黒田官兵衛の嫡男。幼名は松寿丸《しょうじゅまる》。関ヶ原の戦いでは、小早川の東軍寝返り工作等で武功を挙げ、家康から筑前国を与えられたが、父・官兵衛の天下統一の夢を妨げるかたちとなった。
有岡城の戦いの際、荒木村重に幽閉されて帰還できなかった官兵衛を、荒木側に寝返ったと誤解した信長は、松寿丸の処刑を命じる。しかし、竹中半兵衛の一計によって松寿丸は匿《かくま》われ、別の子供の亡骸が差し出されることで生き延びることができた。

甘ったるくない」と？

黒田官兵衛　うん。すごく頭が悪くて、ネズミ捕《と》りに引っ掛《か》かったネズミみたいに描かれるんなら、ちょっと残念ではあるけどもね。

酒井　はい。

「戦火を交えずして帰順《きじゅん》させる」という軍師・参謀《さんぼう》の機能

黒田官兵衛　まあ、そういう人生の危機は、幾《いく》つかはあるわねえ。
でも、先ほど、「情のところを無視して」という言い方もしたけども、ある意味、単身でそういうところを説得していくなかで、もし、戦火を交えずして帰順《きじゅん》させたり、仲間にしたりすることができればいいし、それは、軍師・参謀《さんぼう》の機能としては非常に重要なことなのでね。軍師・参謀の機能の一つとして、「外交で事を決して、実戦で血を流さないで済ませる」っていうのは非常に大事なことですね。

酒井　「孫子《そんし》の兵法」のようにですね。

黒田官兵衛　だから、秀吉《ひでよし》なんかも、戦いで勝ち上がっていくときには、十分勝ったりしてたけど、だんだん、自分が「大」になってきたら、「戦わずして勝つ」ことのほうに重点が移っていったわね。実際上は戦わずして、その実力を見せつけて相手に帰順させる。やっぱり、「人の血を流さないで相手に帰順させる」っていうことは、天下泰平《てんかたいへい》の本《もと》ですよ。

酒井　なるほど。

黒田官兵衛　だから、天下人《てんかびと》になるためには、そういうことを重視していかなければいけない。すぐに殺したがる性格っていうか、そういう残忍《ざんにん》な性格であれば、やっぱり、人は最後はついてこないのでね。いずれ殺した者は殺される関係になるからねえ。

荒木にしたって、私を幽閉したにしても、殺すまでには至っていないわけだからね。

酒井　はい。そうですね。

黒田官兵衛　その程度の情についての読みはできていないわけではなかったし、

秀吉や竹中《たけなか》の性格から見てですな、息子のほうに信長から危険が及《およ》ぶことぐらいは分かったけど、「何とか彼らは手を打ってくれるんじゃないかな」というぐらいの読みはあった。

まあ、そんなことに私情をあまり挟《はさ》んじゃいけないんだけどね。そういうことに挟んじゃいけないんだけども、非常に重要な場面ではあったんでね。

本来なら、（荒木を）説得できなければいけなかったんだけど、やっぱり、義《ぎ》の心が強かったかな。そういうことかなあ。

「口での説得」が十万の兵に相当することも

酒井　「天下泰平への道という目標があったので、そういう動きをした」ということですか。

黒田官兵衛　うん、私らはね。

まあ、〝岡田准一《おかだじゅんいち》〟の黒田官兵衛は、どうせ、剣《けん》も強いところをどこかで見せるんだろうなと推定はするけどなあ。

やっぱり、私らは、剣で人を斬《き》って天下を取るわけではなくて、頭脳戦で取るし、口で取る。やっぱり「口で説得する」っていうことは大事なことで、一つの口が十万の兵に相当することもあるわけなんでねえ。

だから、やるべきことをやらなきゃいけないし、ある意味では、軍師っていうのは、軍勢十万に代わって、何て言うか、口一つで乗り込んでいかねばならんときもあるんでね。

中国で言やあ、「説得に失敗したら、釜《かま》のなかに油を入れて煮殺《にころ》される」っていうのが、軍師の運命だわな。いちおう、その覚悟《かくご》がなかったら、敵陣《てきじん》に行って説得なんかできませんよね。そういう外交で来た使者でも、「侮辱《ぶじょく》したな」って怒《おこ》ったら、相手は殺しますからね。そういうリスクはしかたがないけどある。でも、うまくいく場合もある。まあ、五分五分《ごぶごぶ》だろうけどもね。

まあ、自分の命は五分五分かもしらんけども、死んでも人一人だからね。だけど、戦《いくさ》であったら、実際に何千何万という人が死ぬからねえ。やっぱり、いたずらに流血を好む性格というのは、「天下取りの兵法」としてはよいことではないと思うね。

酒井　分かりました。

4 「中国大返《ちゅうごくおおがえ》し」の真相を語る

土嚢《どのう》を米と銭《ぜに》に取り替《か》えた「秀吉《ひでよし》の気前のよさ」

酒井　もう一つあるんですけれども。

黒田官兵衛　君、細かいなあ。性格が。

酒井　細かいんです。すみません。

黒田官兵衛　理系とちゃうな？

酒井　ええ。違《ちが》います。
「中国大返《ちゅうごくおおがえ》し」というのがありますよね。

黒田官兵衛　ああ、そうだね。

酒井　先ほど、大川総裁からも出ましたように、これが、秀吉《ひでよし》の天下取りの決め手になったわけですが、歴史家の疑問として、「普通《ふつう》であれば、毛利《もうり》軍の追撃《ついげき》は来たはずなのに、なぜ、『追撃しない』と完全に読み切って、明智《あけち》を攻《せ》めに行けたか」ということ

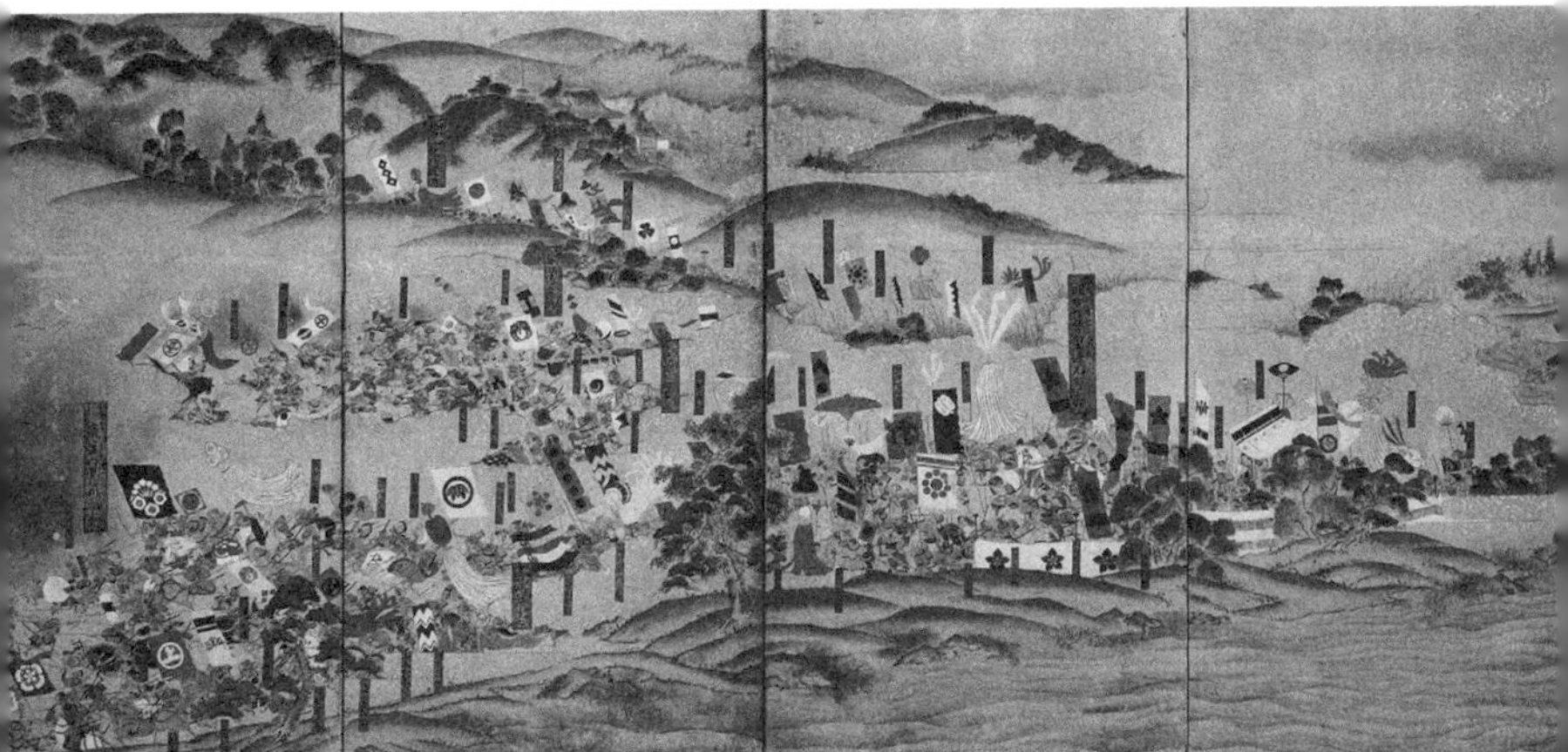

中国大返し　「本能寺の変」の直後、官兵衛の進言により、秀吉がただちに明智光秀追討を決定。二百キロの行軍をして、わずか十日余りで光秀軍を撃破した。（絵：山崎合戦図屏風）

です。このあたりは、「歴史の謎《なぞ》」とも言われているんですけれども。

黒田官兵衛　いやあ、それを言ってもねえ。兵法書では、「水攻めの計」とか「火計《かけい》」っていうのがあって、火攻めもあれば水攻めもあるけれども、それは、「現実の水攻め」っていうのを経験したことがない人の意見ですよ。

酒井　なるほど。

黒田官兵衛　実際ねえ、そらあ、壮大《そうだい》な構想ですよ、秀吉のやったことはね。それには、私も、もちろん進言はしていますけれども。だから、「米一升《しょう》と銭《ぜに》百文を土嚢《どのう》一俵と取り替《か》える」っていうんだからねえ。

●**土嚢の交換**　秀吉が備中高松城を水攻めするための堤防工事で農民等を動員し、土嚢一俵につき米一升、銭百文という高額な報酬を与えることにより、わずか12日間で完成させた（P.59参照）。

この気前のよさっていうのは群を抜《ぬ》いていますよ。あなたは考えられますか。

現代人でも、洪水《こうずい》のときには、土嚢ぐらいは積んだりしているじゃないですか。ねえ？　田畑ならいっぱいありますから、農民は土をいくらでも持っていますけど、今だって、「土嚢一俵を持ってきたら、米一升と銭百文に替えたる」って言われたらねえ。米一升に相当するお金でもいいけど、「それと替えてくれる」と言われたら、今だって失業とかで職にあぶれている人がいっぱいいるからねえ。もうホイホイ集まってくると思いますよ。

「高松城水攻《たかまつじょうみずぜ》め」が与《あた》えた衝撃《しょうげき》

黒田官兵衛　まあ、相手が計算できてない、「まさか」と思うような土嚢作戦で、土嚢を積んで水を堰《せ》き止めてしまって、あっという間に、陸地にある高松城《たかまつじょう》を湖のなかにしちゃったわけですからねえ。「周り全体を湖にして水没《すいぼつ》させて、城の下まで水が上がってくる」っていうので、もう出られないまま、これでやられちゃったわけですから。

これは、実際、兵法書とかでは読むことがあるけども、実戦でやられたらねえ、お城のなかにいる人の衝撃《しょうげき》は、やっぱりすごいですよ。「心理的な圧力」っていうの？「ここまでやれる人がいる」っていう。

だから、韓信《かんしん》の火攻《ひぜ》め、水攻め、まあ、孔明《こうめい》も火計がうまかったですけどねえ。韓信も水攻めをやっていますけど、そんなのは、なかなかできるもんじゃないよね。

「敵が渡河《とか》するときにダムを切って流してしまう」なんて、そんなにうまいことできないし、考えたら向こうだって、諜報《ちょうほう》スパイがいるからね。そんなのは用心されたら、はまらないことがありえるわねえ。

だけど、「城ごと水没させてしまうなんて、こんな恐《おそ》ろしい作戦を現実にやる

― 高松城の水攻め ―

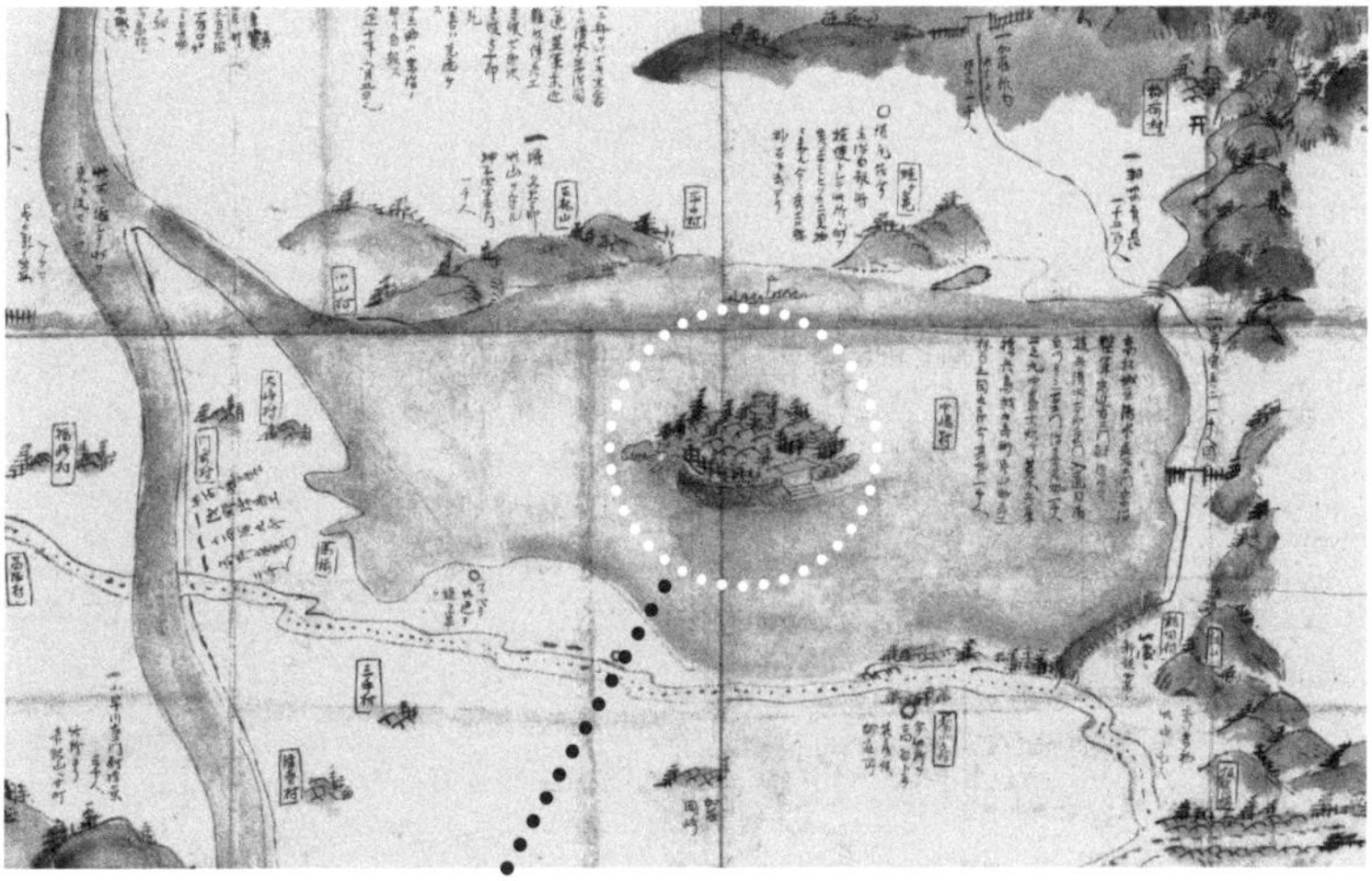

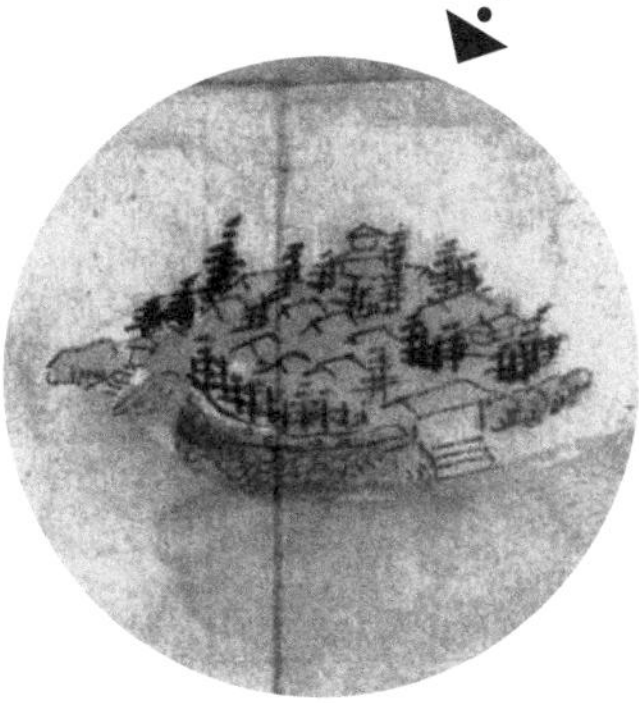

毛利氏は信長に対抗するため、備前と備中の国境付近に７つの城を築く。それに対し、秀吉軍はまず高松城以外の城を撃破。残る高松城を包囲し、総攻撃をかけた。しかし、城の四方は深い沼に囲まれており、さらに城主・清水宗治の必死の抵抗に遭って難航した。

そこで官兵衛は秀吉に対し、高松城の水攻めを進言。城の周囲を、高さ７メートル、総延長３キロの堤防で囲む工事を行い、上流の川を決壊させて城の水没を図った。

（絵：備中国加夜郡高松城水攻地理之図）

人がいる」っていう、この衝撃はすごいから。
だからもう、精神的にだいぶ負けていたし、やっぱり、城主そのものが、「私の首に代えて、みんなを助けてくれ」ということで切腹《せっぷく》してたからね。トップが亡《な》くなっていたから、家臣《かしん》は喪《も》に服すべきときであって、戦闘意欲があるはずもない。

酒井　そうですね。

「毛利《もうり》軍と明智《あけち》軍の挟《はさ》み撃《う》ち」の危険性があった

酒井　背後にある毛利《もうり》軍は、どうなのでしょうか。

黒田官兵衛　毛利軍はあるけども、それは時間との競争だわね。「どのくらいで光秀《みつひで》を討《う》ち取れるか」っていう計算でしょうね。これが遅《おそ》ければ、「(毛利軍が)残党を率いて、後ろから追いかけてきて、明智《あけち》軍と挟《はさ》み撃《う》ち」っていうことはある。

酒井　「全滅《ぜんめつ》もありうる」ということですか。

黒田官兵衛　明智のほうと通謀《つうぼう》されたらね。両方で共謀して、「毛利と明智で天下を分けようじゃないか」っていうことで、もし挟み撃ちされたら、やられることはあったと思うけど、その城攻めも、常識を度外視した速さで攻め落としてしまったからね。

やっぱり、返す速度だよね。「十日《とおか》ぐらい」っていうのは、今だったら、そんなに早いようには思わないけども、今で言えば、どのくらいだろうかねえ。も

── 中国大返し ──

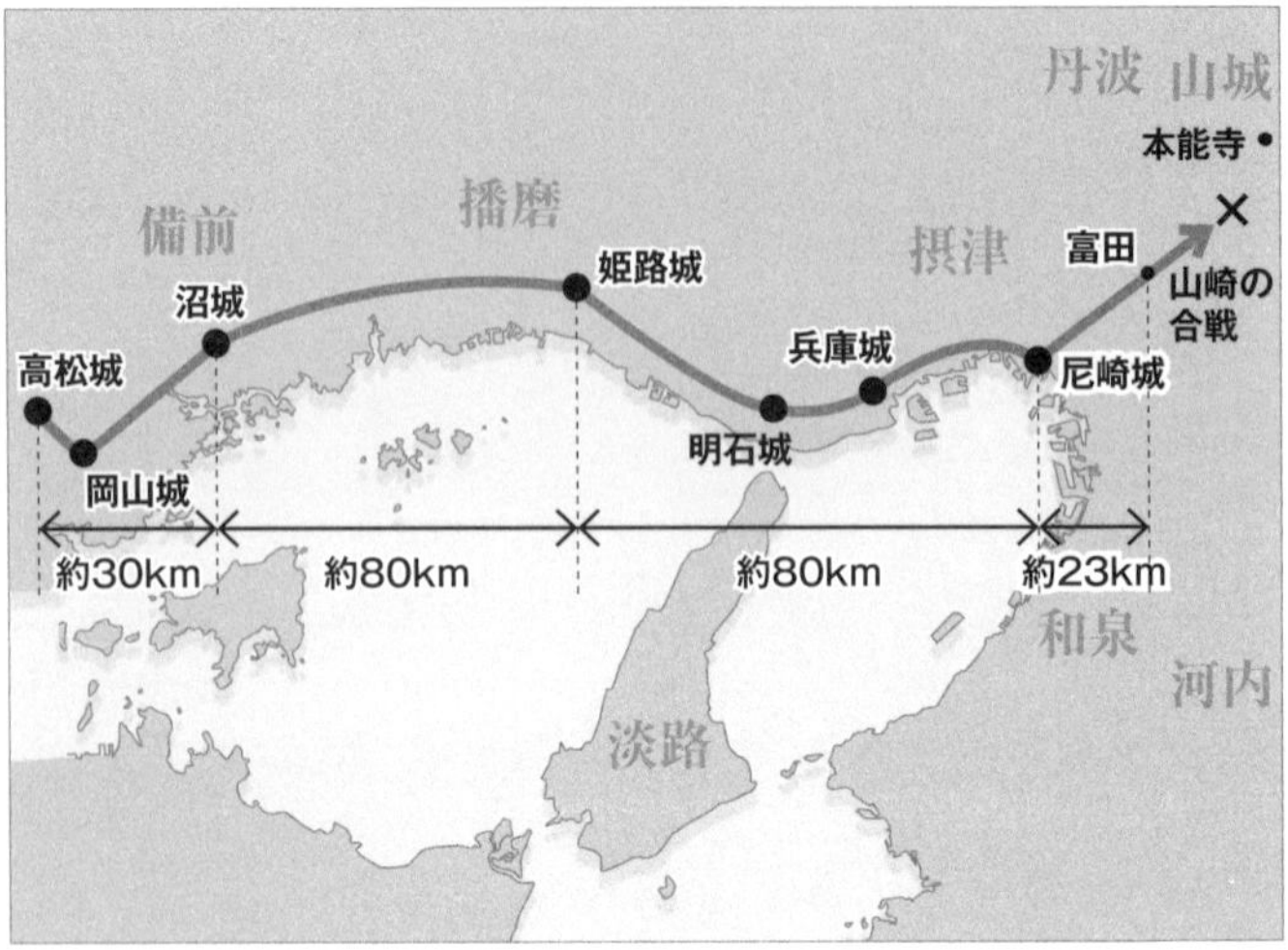

5月7日	高松城水攻め。
6月2日	本能寺の変。
6月4日	秀吉、毛利氏と和議。
6月6日	秀吉軍、光秀追討に出発。
6月7日	姫路到着。
6月9日	明石到着。
6月11日	尼崎到着。
6月12日	摂津国富田で軍議。
6月13日	山崎の合戦。

本能寺の変で「明智光秀に信長が討たれた」との一報を受けた直後、官兵衛は秀吉に対し、光秀追討を進言。ただちに毛利氏と和議を結ぶと、秀吉軍2万の軍勢は備中高松から取って返し、約200キロ離れた山城国山崎の地で光秀軍と戦闘（山崎の戦い）。敗走した光秀は、いったん勝龍《しょうりゅう》寺《じ》城に籠城したが、北側をわざと手薄にした官兵衛の計略に誘われて城を抜け出してしまい、近江の坂本城に向かう途中、落武者狩りの村人に脇腹を刺されて死亡した。

う、時間がものすごく短縮されるから、今で言うと、「午前中に謀反《むほん》を起こしたら、夕方にはもう首を取りに来た」ぐらいの速さに近いんじゃないですかね。感触《かんしょく》としてはねえ。

だから、毛利だって情報を確認し、準備してからでなきゃいけない。

「お金で時間が買えること」を知り抜《ぬ》いていた秀吉《ひでよし》

黒田官兵衛　まあ、秀吉《ひでよし》様のされたことは、要するに、現代でも使える考えなんじゃないんですかね。

軍隊が行くときには、やっぱり、宿《やど》を取らなきゃいけないし、食料と給水の問題があるわねえ。それを、軍隊を動かしながら、その都度《つど》、調達していたんでは、ものすごく時間がかかるから、やっぱり「先遣《せんけん》部隊」っていうか、「ああいう考え方ができる」っていうのが大事だね。先触《さきぶ》れ部隊を送って、そこそこで水とか、酒とか、握《にぎ》り飯《めし》とか、いろいろ準備させといて、時間をできるだけ短縮していく。あれは、ほんとに「資本主義の原理」をよく知った人だよねえ。お金で時間が買えることを十分知り抜《ぬ》いている。

酒井　それは、秀吉様の考えだったんですか。

黒田官兵衛　いや、そりゃあ、まあ、何とも言えない。NHKのドラマがどう描くかは知らんからさあ、まあ、分かりませんけど。参謀がいて、そのことを知らないはずはありませんけども。でも、「秀吉だからこそできた」っていうことは間違いない。

酒井　なるほど。

『太閤秀吉の霊言』
(幸福の科学出版)

5　官兵衛は「天下取り」を狙《ねら》ったのか

「光秀《みつひで》を倒《たお》した男が天下を取る」と見えていた

酒井　最初に、大川総裁から、秀吉《ひでよし》が恐《おそ》れた部分についてお話がありましたが、信長《のぶなが》が討《う》たれたとき、「これで天下が取れますよ」とおっしゃったのですか。

黒田官兵衛　そりゃあ、ドラマを観《み》る人の楽しみを奪《うば》ってはいけないので、何とも言えませんけども。「光秀《みつひで》を倒《たお》した男が天下を取る」っていうのは、見えてはいたわね。

だから、ゆっくり時間をかけてやれば、確かに、毛利《もうり》も大軍をつくることはできるし、家康《いえやす》だって態勢を整えてやればあれやけど、あの段階では、家康はまだ近くにいたはずだから、逃《に》げるのが精いっぱいだったはずだよね。軍を持っていなかったから。少人数で来ていたので、まず、彼は逃げたはずですから。

それから、●柴田《しばた》（勝家《かついえ》）とかは、北国《ほっこく》を攻《せ》めとったはずだし、まあ、先輩《せんぱい》もちょっといたわけだけれども、やっぱり、「ご主君の仇《かたき》を討った者が、いちばん優先度が高くなる」っていうことやね。

　でも、実際上、実力競争では、先輩がいたけれども、やっぱり、「光秀か秀吉か」っていう競

柴田勝家
（1522 ？～ 1583）
信長の重臣で、織田四天王の筆頭。織田信長の父・信秀の家臣で、のち信長に仕えて武功を挙げ、越前北ノ庄城主となる。本能寺の変のあと、織田家の後継者等を協議する清洲会議で秀吉と対立、翌年、賤ヶ岳の戦いで敗れる。

争になってきてた感じかな。

だから、立場的に見たら、どのくらいだっただろうねえ。今で言やあ、常務か専務か分からないけど、まあ、そのあたりの社長候補で上がってきていて、まだ上にちょっとだけ先輩がいるぐらいの感じだったんかなあ。

「人物眼」がある秀吉《ひでよし》の〝怖《こわ》さ〟

酒井　「官兵衛様がいて、秀吉《ひでよし》が〝社長〟になった」ということになると思うのですが、その〝社長〟になってから、「次は誰《だれ》だ？」という問いに対し、「官兵衛だ」というような、誰も予想していなかったことを秀吉が言ったわけなのですが。

黒田官兵衛　いや、それは「嫉妬《しっと》される」っていうことだよね。気をつけないといけない。

酒井　それは計算に入れていらっしゃったのですか。

黒田官兵衛　いや、これは、ちょっと自分で言っちゃあいけないけども。（大河《たいが》ドラマの）主演の方には申し訳ないけど、あんなにかっこいい爽《さわ》やかな青年じゃありませんので。まあ、「牢《ろう》に入ってびっこになった」っていうのもあるけども、そうした醜《みにく》い〝あれ〟だから、「まさか、あいつが天下を取るなんていうことはない」と、普通思《ふつう》うじゃないですか。やっぱり、馬にまたがって大号令をかけられるような人でなきゃ、天下取りはしないから、そんなことまで思われるとは考えなかったけど。

そのあたりを見るのが、また秀吉の〝怖《こわ》さ〟だよね。彼もまた人物眼があるからねえ。

「人生五十年の時代」に、もう一回、天下を取るのは難しい

酒井　とすると、やはり、「官兵衛様には、天下を取るつもりがあった」と？

黒田官兵衛　いや、隙《すき》があれば、もしかしたら、もしかすることがあったかもしれない。

酒井　関《せき》ヶ原《はら》のときに、九州を攻めていたではないですか。

黒田官兵衛　そうですね。

酒井　それで、関ヶ原がすぐ終わってしまったではないですか。あれは読みが外

れたのですか。

黒田官兵衛　うーん……、家康の時代が次に来ることは読めていたからねえ。そのへんで「自分がどうやったら、その後、生き延びられるか」っていうことは、いちおう考えてはいた。

酒井　生き延びるだけだったのですか。

黒田官兵衛　だいたい当時の寿命《じゅみょう》っていうのがあるからねえ。寿命の計算から見れば、あれでも長生きしたほうであるので。「人生五十年の時代」であったし、それ以上生きているのでねえ。それから、「もう一回、天下を取る」っていうのは、なかなか難しいだろう。

── 九州平定 ──

官兵衛は、豊後・大友宗麟《そうりん》の要請で九州征伐に向かい、平定後に豊前国六郡を拝領。中津城を築く。秀吉没後は大乱を予見。徳川家康と石田三成の対立に乗じての天下取りを期し、蓄財を放出して兵を集めた。石垣原の合戦、さらに、豊後、豊前、筑後と攻め、次々と落城。九州では薩摩・島津氏を残すのみとなった段階で、家康から停戦命令が出て引き下がった。その後、官兵衛は、長政とともに福岡城を築き、晩年を過ごした。(写真上：中津城の模擬天守)

家康は、官兵衛の長男・長政には関ヶ原の武功として筑前国を与えて感謝の言葉を伝える一方で、九州統一寸前まで進んだ官兵衛を警戒した。

『徳川家康の霊言』
(幸福の科学出版)

酒井　「関ヶ原の戦いの決着次第《しだい》では、天下を取りに行く」というつもりはなかったのですか。

黒田官兵衛　うーん……、ちょっと、秀吉さんの晩年が厳しかったわねえ。だから、まあ、あの感じで行けば、やっぱり、五大老《ごたいろう》のなかから、当然、出てきただろう。そらあ、「最有力は家康」っていうことは間違《まちが》いない。だから、そのなかに食い込《こ》んで体制を壊《こわ》し、（天下を）取るっていうのは、そう簡単なことではなかっただろうね。

酒井　ただ、「天下を取れるチャンスがあれば」という気持ちはお持ちだったと？

●五大老　豊臣政権の最高の施政機関。有力大名である徳川家康・前田利家・毛利輝元・小早川隆景（没後は上杉景勝）・宇喜多秀家が任じられた。

黒田官兵衛　うーん……。まあちょっとねえ、問題はあったのかなと思うんだよな。

私は、そういう兵法っていうか、理性的な頭脳で見通す力、洞察力《どうさつりょく》は、けっこうあったんだけど、何て言うか、秀吉のようにね、大勢の人を養うような力っていうかな、ああいう器量には欠けていたと思うんだよ。

それから、大盤振《おおばんぶ》る舞《ま》いできる、あの、〝黄金の小判《こばん》の雨〟を降らせるような、ああいう器量はなかった。

それに、家康のようなケチケチ作戦、あれはローコスト戦略だけど、「できるだけコストを下げて、体制を維持《いじ》して、長くもたせる」っていうふうな考え方もできなかった。あれは、たぶん、今の〝トヨタの兵法〟につながってると思うよ、家康は。

酒井　ああ。

黒田官兵衛　今のトヨタ自動車の「世界戦略」につながってると思うんだけど。秀吉みたいな、短期間で天下を取る人のやり方ではあるけど、福を惜《お》しまずに、周りに分けていく。領地とかお金を分けてやる。

まあ、そのへん、明智《あけち》のほうは、気前がそんなによくなかったからね。教養人だったから、ちょっと好き嫌《きら》いがあったわねえ。

秀吉は、そういう好き嫌いよりも、何て言うか、「お金で買えるものなら何でも買う」と。

だから、ホリエモン（堀江貴文《ほりえたかふみ》）をもうちょっと賢《かしこ》くしたような人だなあ。

酒井　（笑）そうですね。

黒田官兵衛　それが、あんまり下品に走らないところで、まあ、上手にいった面はあるのかなあ。ああ……。

官兵衛は、現代ではどんなタイプ？

酒井　あなた様は、現代でたとえると、どのようなタイプの人になるのですか。

黒田官兵衛　うーん……、出方にもよるからねえ。その出方にもよるから、難しいけども。まあ、どっちかというと、やっぱり、「知性」と「理性」の人ではあろうと思う。

弱点としては、人心掌握《じんしんしょうあく》のところはあると思うので、大会社の社長みたいなのがそんなに向いているとは、自分では思えない。
ただ、ドラッカーさんみたいな、経営コンサルタントとかねえ、そういうふうに、いろんなアドバイスをするような立場で、大きなものに影響《えいきょう》を与《あた》えるとか、あるいは、政治家、内閣等にアドバイスをして、新しい戦略を与えたりとかね。まあ、そういうんだったら合ってると思うけど、自分が大勢の人を引き連れて、養わなきゃいけないような立場は、何て言うかな、そういう意味での「包容力」が私にはちょっと足りないのかなあと、自己分析《ぶんせき》はしてますけどね。

酒井　なるほど。歴史的なところは、ここまでにさせていただきます。

6　軍師・官兵衛が、日米中の今後を予測する

「中国ＧＤＰは日本の二倍」という発表で再び強まる左翼《さよく》勢力

武田　私からは、現代に関してご質問させていただきたいと思います。

黒田官兵衛　うーん。

武田　今、お話を伺《うかが》っておりまして、やはり、大局を見て取って、勝機を見いだした黒田官兵衛さんであることはよく分かったのですが、現代も、いろいろな意味で、非常に激動の時代でありまして、「これからどういったところに筋を見い

だしていくのか」ということが、たいへん重要になるかと思います。

黒田官兵衛　うーん。

武田　そこで、まず伺いたいのは経済問題なのですが、安倍《あべ》政権が今年（二〇一四年）の四月に消費税を上げようとしております。政府の発表では、「それ以降、多少の影響《えいきょう》もあるだろうが、そこからもう一回反転して景気を回復させる」ということで、さらに、もう一段の増税をしようとしています。

官兵衛さんが現代の経済情勢を見るとしたら、今年と来年はどういった状況《じょうきょう》になると予測しますでしょうか。

黒田官兵衛　うーん……。まあ、二〇一〇年にＧＤＰ（国内総生産）で中国に逆転されて、三年後の二〇一三年には「中国のGDPが日本の倍になった」という発表が、最近なされておるようだ。

「逆転されて、三年で倍になる」っていうのは、これは大変なことではあるから、みんな浮《う》き足立ってくるわねえ。

だけども、その〝失われた三年〟は、実は、民主党政権下でだいぶやられたのは事実であって、中国寄りの政策を取る民主党時代に、向こうがグーッと伸《の》ばしていたわけであるからね。

だから、安倍さんは、今、アベノミクスで好調をつくっているつもりでいるけども、「向こうのGDPが倍になった」っていうことへの精神的ショックは、現時点、今日、話をしている時点では受けてると思うよ。

今、中国と張り合って、各地にだね、「日本のほうが信頼度《しんらいど》が高いぞ。日本についたほうが得だぞ」と、アジア回り、アフリカ回りをしているのに、「これだ

●中国GDP　中国国家統計局発表による2013年GDP速報データでは56兆8845億元(約970兆円。日本GDPは約490兆円)。

ったら、やっぱり、中国のほうが強いじゃないか。中国についたほうが勝ちじゃないか」と、左翼《さよく》マスコミも言い始める。また、企業《きぎょう》もなびいて、「何とか中国と、よりを戻《もど》したほうがいいんじゃないか」って言い始めてだねえ、「中国寄りの政権をつくりたい」っていう運動を起こすものが、まあ、当然ながら出てくるわねえ。

これとの戦いが、次に待ってるから。まあ、また何らかの揺《ゆ》り戻し、中国寄りの左翼の論陣《ろんじん》が強くなってくることは、当然、予想されるわねえ。

経済・軍事力を誇示《こじ》する中国をアメリカは絶対に放置できない

黒田官兵衛　ただ、アメリカは、今、ちょっと〝疫病神《やくびょうがみ》〟のオバマさんが大統領をやっております。これは、そんなにもう、先はありませんので、まあ、このあとにもよりますが。

何度も言われているんだけど、日本人はそんなに信じてないのが、シェールオイル、シェールガス等の新しいエネルギー源だね。アメリカが今、この開発・採《さい》掘《くつ》に成功してだね、地下二千メートルぐらいのところの頁岩《けつがん》から、オイルとかガスだとかを、上手な技術でガーッと抜《ぬ》くことができるようになって、実は今、好況が始まろうとしているところなんですよ。それが、これから出てくるところです。

「アメリカ自国内からオイルとガスが出てくる」ということと、「日米同盟が崩《くず》れないで堅固《けんご》である」ということで、アメリカが経済的に盛り返してきたらどうなるか。

「歴史の法則」からいくとね、「二位に上がって首位を狙《ねら》うところは、必ず、首位のところに叩《たた》かれる」っていうのは、もう間違《まちが》いないんですよ。そして、首位と二位とが戦ったあと、三位のところが上がってくるんですよ。これは、「歴史

●シェールオイル・シェールガス　堆積岩層に含まれる石油やガス。これらの採掘が技術的に可能となり、世界のエネルギー事情が大きく変化した。

の法則」なんです。

だから、日本は今、一時期後退しているように見えるかもしれないけれども、アメリカはこれから好景気になります。

そうすると、中国が勢力を伸ばして、軍事的にも伸ばし、経済的にも大きくなったというので力を誇示《こじ》しているところは、あのアメリカの性格から見て、絶対に放置できない。

まあ、オバマさんなら、なめられるかもしれないけども、オバマさんの次に出てくる人は、民主党であれ、共和党であれ、絶対に、中国への対抗《たいこう》戦略を打ち出してきます。打ち出さなければ、アメリカ国民の支持は得られません。だから、絶対に打ち出してきますし、その背景には、アメリカの盛り返した好景気が必ずあります。

なんせ、「石油やガスが自国から出てくる」っていうんですから、それはねえ、景気がよくなるに決まってます。全産業にプラスになって、燃料も供給できるようになるわけですから。

「中国」「イスラム教国」両方の引き倒《たお》しを狙《ねら》うアメリカ

黒田官兵衛　危ないと言えば、中東のほうが、実は危ない。中東のほうが沈《しず》んでいく可能性もあるわけです。中東に砂上《さじょう》の楼閣《ろうかく》を建てて喜んでいる、税金の要《い》らない国々が、今度は、やや落ち込《こ》んでくる可能性はあるわけだ。

だから、このアメリカの繁栄《はんえい》は、おそらく中国だけでなくて、イスラム教国の一部、軍事強国化を狙《ねら》ってるイスラム教国たちの没落《ぼつらく》まで引きずり出し、彼らを引き倒《たお》すところまで、戦略的には練ってくるはずなのでね。

「中国」と「イスラム教国」の引き倒しと、この「二正面作戦」で、両方引き倒しに入ってくると思う。たぶん、そう思います。

オバマ政権後に日本と中韓《ちゅうかん》を待ち受ける未来は？

黒田官兵衛　だから、日本は、今、シーレーンの問題もあるし、原子力エネルギーの問題もあるし、まあ、苦労なされてるとは思うが、アメリカとの同盟をしっかりしておけば、アメリカは、中国を牽制《けんせい》する場合に、日本を使わざるをえない。どう考えても、使わざるをえないのでね。

今の安倍政権がオバマ政権において少し警戒《けいかい》されているのは間違いないし、「軍国主義復活で、アジアの安定を欠くのではないか」と思われているかもしれないけども、「アメリカ人だけで中国を牽制する」っていうんだったら、いずれ、太平洋戦争の第二幕みたいになっちゃいますからねえ。

やっぱり、「日本自体にある程度守らせて、アジアの防波堤《ぼうはてい》に変えよう」という戦略を持つのは、もう確実。確実にそういう戦略だ。これは、民主党であろうと共和党であろうと、戦略的にはたぶん同じになってくると思います。

で、中国が外貨としてのドルを貯《た》め込んでおるし、それでアメリカ国債《こくさい》をいっぱい買っとるから、「これを売り払《はら》うぞ」と言って脅《おど》しをかけてくると思うけれども、あんなの、「中国の資産凍結《とうけつ》をかけたら終わりだ」っていう、アメリカの怖《こわ》さを、中国はまだ分かっていない。アメリカが本気になって潰《つぶ》しに来たら、どれほど怖いかっていうことを、まだ分かってないのでね。

まあ、今、中韓《ちゅうかん》が接近してるけども、これからは、中韓ともにひどい未来が待っていると思います。

武田　うーん。

黒田官兵衛　日本は、全体的には、やはり、オリンピックあたりを境に、非常にいい方向に動いていくと見てます。だから、中国・韓国連合は敗れる。
私の読みはそうです。

世界ナンバースリーの日本は「歴史の法則」どおりになるか

酒井　今、お話のなかで、「ナンバーワン、ナンバーツー、ナンバースリー」の話が出ましたが、「歴史の法則」からいくと、ナンバーワンとナンバーツーとの覇権《はけん》戦争のあとに出てきてナンバーワンになるのが、ナンバースリーですよね？

黒田官兵衛　ええ、そうです。

酒井　これは、「歴史の法則」ですよね？

黒田官兵衛　これ、言っちゃいけないんだよ。

酒井　言ってはいけないんですか。

黒田官兵衛　うん。それはねえ、「日本が世界を取る」なんていうことは、それは言っちゃいけない。今は絶対言っちゃいけない。それを言うと、私みたいに、〝秀吉《ひでよし》〟に睨《にら》まれることになる。

酒井　（笑）

黒田官兵衛　それは言ってはいけない。言っちゃいけない、言っちゃいけない。あくまでも、「ナンバーワンを補完する」というつもりで思っといたほうが、日本の首相もそう思っといたほうが身のためだ。何て言うか、「米中を戦わせて、日本が漁夫《ぎょふ》の利《り》を得て、ナンバーワンになろう」なんて、そんな生意気なことを言うと、それはちょっと痛い目に遭《あ》うので。

酒井　はい。

黒田官兵衛　そういう野心は、持ってても持ってないふりをしなきゃいけない、絶対に。

日本経済を潰《つぶ》し、中国経済を持ち上げた〝黒幕〟とは

酒井　でも、歴史の法則上は、過去、そういうものはあったと?

黒田官兵衛　ええ。歴史の法則上はそうなんですよ。

だから、ソ連がアメリカと覇権競争をやって、米ソが戦って、ソ連が敗れたら、上がってきたのは日本ですよね？

そして、日本が上がってきて、アメリカを追い越《こ》しそうになったのが、九〇年代のバブル期が終わったあとぐらいですよね。「このままだとアメリカを追い越してしまう」っていうときに、バブル崩壊《ほうかい》で……。

まあ、これはクリントン政権だったからね。実は、クリントン政権が、八年間の間に日本の経済をぶっ潰《つぶ》して、中国経済を持ち上げたんですよ。これが大きいんだよ。今、「失われた二十年」とか言うてるけども、実際、「クリントンの八年間」だ。「日本にやられる可能性

ビル・クリントン（1946 〜）
アメリカ合衆国第 42 代大統領（1993 〜 2001）。

がある」っていうので、そういうことをしたんだね。

だから、ソ連との競争でレーガンが金を使いまくって、〝双子《ふたご》の赤字〟がね、「貿易赤字」と「財政赤字」と二つの赤字で、アメリカは瀕死《ひんし》の状態だったけど、何とか競争に打ち勝って、一人も死ぬことなく、ソ連を倒して、国家を崩壊させ、バラバラにしたんだよ。大成功だよね。無血で国を滅《ほろ》ぼして、ナンバーワンを狙ってた国を潰した。

その結果、日本がものすごく強くなって、アメリカのものものいっぱい買いだし、傲慢《ごうまん》なところを見せ始めたわけで、「これをぶっ潰すにはどうしたらいいか」っていうことで、「中国とぶつけて競争をさせ、逆転させれば、日本を弱らせられる」という戦略を組んだのがクリントン政権時代なんですよ。

それで、その間も、中国がガーッと上がり続けたけど、「日本を弱らせて、中国の国力を上げる」っていう、アメリカの戦略があったんですよ。

●双子の赤字　1980年代、レーガン大統領が社会保障費と軍事費を増やす一方で減税を行い（レーガノミクス）、アメリカは貿易赤字と財政赤字を抱えた。

だから、日本とコンペティション（競争）をさせてだね、仮想敵にして、「アメリカを倒そう」なんていうことを、もう、日本がおくびにも出さないようにするところまで追い込んで、日本の経済を崩壊させ、中国にグーッと追い上げさせて、コンペティションをさせたのは、アメリカなんですよ。

日米が組んで「大きくなりすぎた中国」への包囲網《ほういもう》をつくる

黒田官兵衛　ところが、度が過ぎて、日本が弱って、今度は中国が大きくなりすぎてきた。で、「日本の倍になった」となったら、これは、アメリカにとっては〝危険信号〟です。もう黄信号が点《とも》りましたから。アメリカの共和党であれ民主党であれ、「中国が日本の倍になったっちゅうのは、これは、まずい」っていうね。これはもうまずいですよ。二倍にもなったら、（中国は）野心を持ちますすよ。絶対に野心を持ちますので。ここは、何とか日本を助けて、中国のところを押《お》しとどめなきゃいけない。

（アメリカは）中国にとって、貿易上、不利な条件をいろいろ出してくるはずですし、日本がアジア・アフリカ圏《けん》での開発に関係して、いろんな権益を取ろうとしているあたりを後押し始めるはずです。また、中国がヨーロッパのほうに触手《しょくしゅ》を伸ばしているところについても、ヨーロッパを支えに入って、中国の経済パワーが及《およ》ばないようにして、だんだん、ヨーロッパから追い払っていくと思われます。

これからは、アメリカとも組んだ「中国包囲網《ほういもう》」が、まもなく始まると思います。だから、そんなに、あなたがたが悲観的に思ってるほどの心配はないと思います。ただ、「日本が世界一になるかどうか」っていうのは、これは、あんまりねえ、宗教家は言っても構わないかもしれないけども、政治をやる人は言っちゃあいけない。うーん。

7　官兵衛が読む「中国崩壊《ほうかい》の五つのシナリオ」

二〇二〇年東京オリンピックに向けて打つべき手は何か

武田　日本を取り巻く経済環境《かんきょう》については、よく分かりました。
先ほど、「二〇二〇年の東京オリンピックに向けて、日本も成長していくのではないか」というお話がありましたが、国内の経済政策としては、二〇二〇年に向けて、これから打つべき手や、あるいは、打つべきではない手などがございましたら、お教えいただければと思います。

黒田官兵衛　日本国内の経済的なことですか。

武田　はい。

黒田官兵衛　ああ、今、急に中国が強くなったからって、また一斉《いっせい》に、左翼《さよく》に移って、「「中国に頭を下げるべきだ」と、東京新聞なんかが言ってる。

「（首相が）安倍《あべ》さんになってから、外遊《がいゆう》がやたら増えて、予算がない。アジアやアフリカへは、もう無用に回りまくって、中国や韓国《かんこく》など近くの国には一回も行っていない。ほかのところばっかり回っていて、予算の無駄《むだ》だ」みたいなことを言ってるようではあるけども、これは、左翼の考えだわねえ。

やっぱり、あれは、ちゃんと「包囲網《ほういもう》」を築いているので、大事なことをやってるわけです。競争戦略をやって、種まきをしているわけなので、実に大事なことをやっておりますし、後継者《こうけいしゃ》が出ても、その路線は外せないところですね。

中国の危機①――経済発展のバブル化

黒田官兵衛　まあ、中国には、幾《いく》つかの危機があると思うんですよ。

一つは、やっぱり、今の経済発展が、ずーっと（経済成長率が）十パーセントと続いてきて、最近は八パーセント弱ぐらいまでになってきましたけども、減速しようとはしつつも、まだ諦《あきら》め切れないでいるので、かなりバブル化してることは事実です。

チベットだとか、内モンゴルなんかの自治区にも、巨大《きょだい》マンションをいっぱい建てまくってるけども、現実に入る人はいない

不動産の乱開発等の反動が表面化しつつある中国。

ですからね。仕事がないのに、そんなマンションに入ったって、しょうがないのでね。「マンションに入るために出稼《でかせ》ぎしなきゃいけない」みたいなことだったら、これは本末逆転《ほんまつぎゃくてん》で、本当に、社会主義計画経済のいちばんまずい部分が出てると思うのです。

まあ、ハイエク先生の予言どおりの崩壊《ほうかい》が、内部的には起きるはずですねえ（『ハイエク「新・隷属《れいぞく》への道」』（幸福の科学出版刊）参照）。これが一点ですね。

『ハイエク「新・隷属への道」』
（幸福の科学出版）

中国の危機②――中華《ちゅうか》帝国《ていこく》主義による孤立《こりつ》

黒田官兵衛　それから、第二点は、やっぱり、中華《ちゅうか》思想です。
「自分たちを中心にアジア・アフリカは回っていく」と夢想しているんだけど

も、「その中華帝国《ていこく》主義が周りに嫌《きら》われる」ということの計算が、十分にできてないんですよね。

中国や韓国は、日本を批判しとれば、「日本人は悪人」だということになると思ってるし、日本人が謝罪ばっかりしているので、すっかりそれが「国際世論《せろん》だ」と思い込《こ》んでる。また、日本の左翼マスコミも、そういうふうに思わせているけども、逆に、今、情報戦略で、日本からの打ち返しが始まっております。例の「倍返し」みたいなのが、日本にもちょっと始まって、日本の政治家もやっと言い返し始めておりますので。まあ、それは、幸福の科学さんの影響《えいきょう》も大きいんだとは思うけど。

中国の強引なチベット政策に対するアメリカでの抗議活動の様子。

そのように言い返しが始まっているので、次の段階で、「どうも、自分らのほうが嫌われているらしい」「孤立《こりつ》してるのは、実は自分たちのほうだ」「アジアや、あるいはアフリカの国から孤立してるのは、自分たちのほうだ」っていうのが見えてくる。ただ、今は、まだ見えてないので、これが二番目の危機として出てきます。

中国の危機③――政治的治安面における内部崩壊《ほうかい》

黒田官兵衛　それから、三番目には、やっぱり、経済的な崩壊《ほうかい》だけでなくて、内部的に、政治的治安の面での崩壊が起きるはずです。

それは、「今、アメリカが、自分たちに競争を挑《いど》んでる国をどう潰《つぶ》すのか」っていうことでもありますが、日本とは違《ちが》って、向こうはＣＩＡ的な動きが、もっともっと十分にできるので、そういう意味での軍師・参謀《さんぼう》の動きっていうのは、もう外交戦以前の段階から、そうとう動きます。

あそこをバラバラにしようとするなら、やっぱり、自治区のところで次々と暴動を起こして、内政のほうを困難にしていけば、外に出る力が落ちてきますよね。当然、落ちてきます。「ＧＤＰが大きくなった」と思っても、あのへんで、国を割られたら、その大きくなったＧＤＰは、たちまち違ってきますわねえ。

特に今、内需《ないじゅ》主導型で経済が大きくなっておりますけども、「にわか成金《なりきん》」もいっぱいいて、購買《こうばい》力はすごく大きくなっていても、経済が崩壊すると同時に、内部での争乱とかが増えてくると、やっぱり、うまくいかなくなってくるし、また、共産主義的な「所得の再分配」の圧力が、すごくかかってきますから。

今、所得再分配、累進課税《るいしんかぜい》は、はっきり言えば、日本のほうがきつくなっていて、所得の格差は中国のほうが広がってます。沿岸部分はものすごい所得があって、一部にはアメリカレベルに近いところまで行ってるところもありますので、これは、（貧困層《ひんこん》が）なかなか許さないですね。

他民族もそうだけども、漢民族同士でも、その貧富の差はそうとう開いてるので、これが一対十を超《こ》えて開いてくると許せなくなって、当然、内乱が起きます。

今、本当に暴動の数がものすごいですけど、エジプトとか、ほかのところとかでも起きているように、いずれ、警察とか軍とかが反旗を翻《ひるがえ》し始めて、民衆のほうの味方についたときには、統治機構っていうのは、そうとう厳しい問題を起こすようになるね。

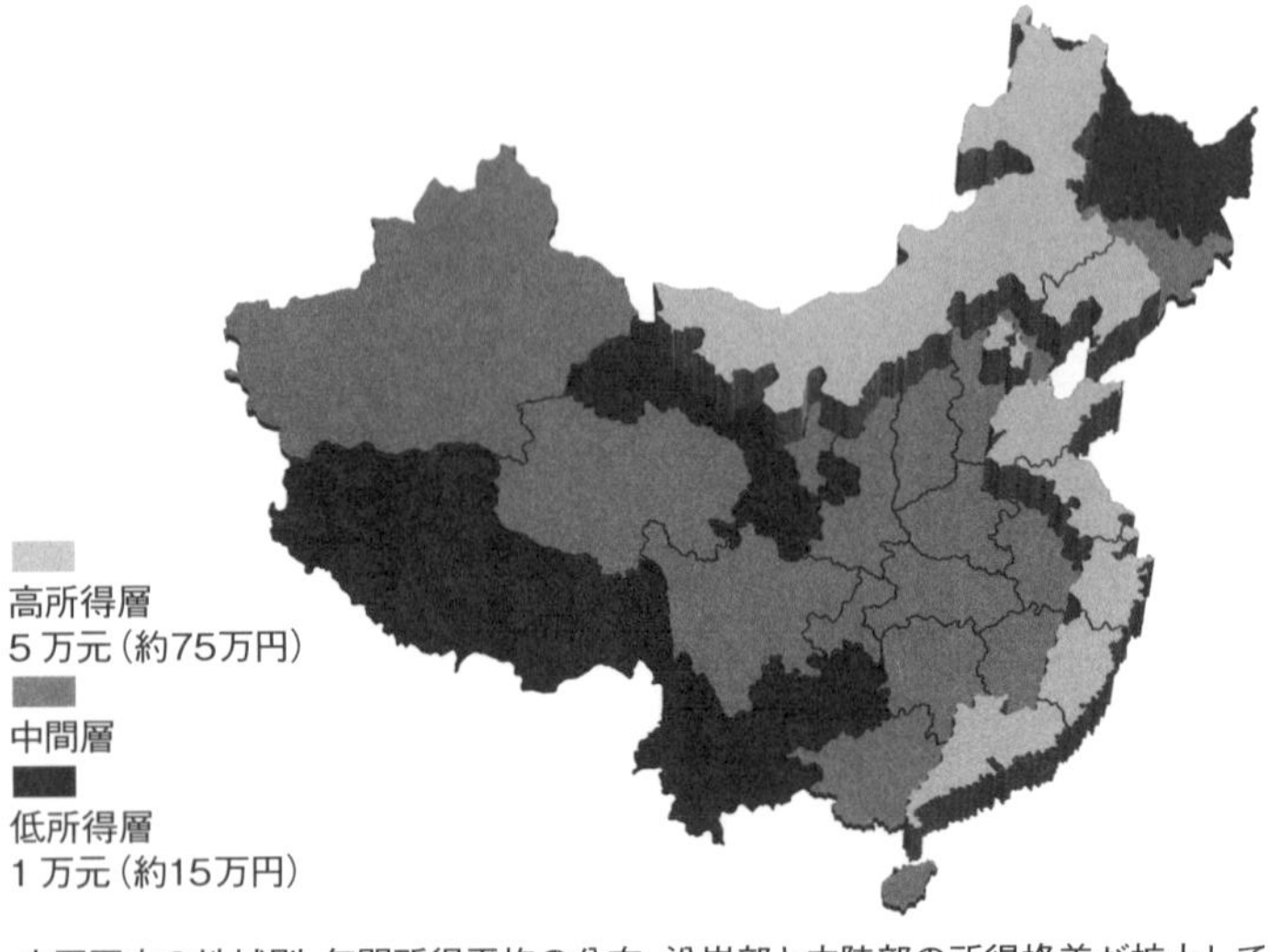

中国国内の地域別・年間所得平均の分布。沿岸部と内陸部の所得格差が拡大している。

今はまだ、こういう幾つかの〝時限爆弾《ばくだん》〟が残ってる。

中国の危機④——経済・軍事面での日本の復活

黒田官兵衛　それともう一つ、四番目の〝時限爆弾〟としては、やはり、「日本が本当に復活する」っていうシナリオですね。「日本が、経済的にも、あるいは、軍事的にも復活してきて、強国になってくる」っていうシナリオです。本当は、これがいちばん、中国の恐《おそ》れてるシナリオではあるんです。

中国は、経済的にも軍事的にも、一気に日本を引き離《はな》して太平洋戦略に乗り出し、アメリカをずーっと後退させようと思ってたんですけども、日本が一気に、経済復

2014年1月、日印首脳会談で、安倍首相はインドに対して総額2000億円規模の円借款供与を表明。

活と軍事的なパワーをアップさせると同時に、インドのほうにも、中国のライバル国にするために、日本とアメリカから、そうとう働きかけがあった。

中国の危機⑤——競争相手としてのインドの台頭《たいとう》

黒田官兵衛　向こう（インド）もまた、人口が多くて、その人口の多いところがメリットですのでね。インドの人々にも教育をつけて、そして、仕事をつくってやれば、彼らの所得も上がって、十分なコンペティター（競争相手）になってくるし、英語が通用する国ですので、英語圏《けん》としては、中国よりもはるかに使いやすいところです。日本もアメリカも、インドを中心にして取り引きをすれば、中国の部分をインドに肩代《かたが》わりさせることはできるようになるわけですね。

まあ、五番目の兵法としては、「インドを競争相手として強くしてくる」っていうところです。

　これに対して、中国は、パキスタンとかネパールとか、そういうところから、インドに圧力をかけてこようとするでしょうけどもね。

　そうした五本ぐらいの柱がありますので、「今、（中国が）思ってるほど甘《あま》くはない」というふうに、私は思っております。

　だから、実は、今が、崩壊する前の、最後の〝いちばんいい気分〟を味わってるあたりじゃないですかね。

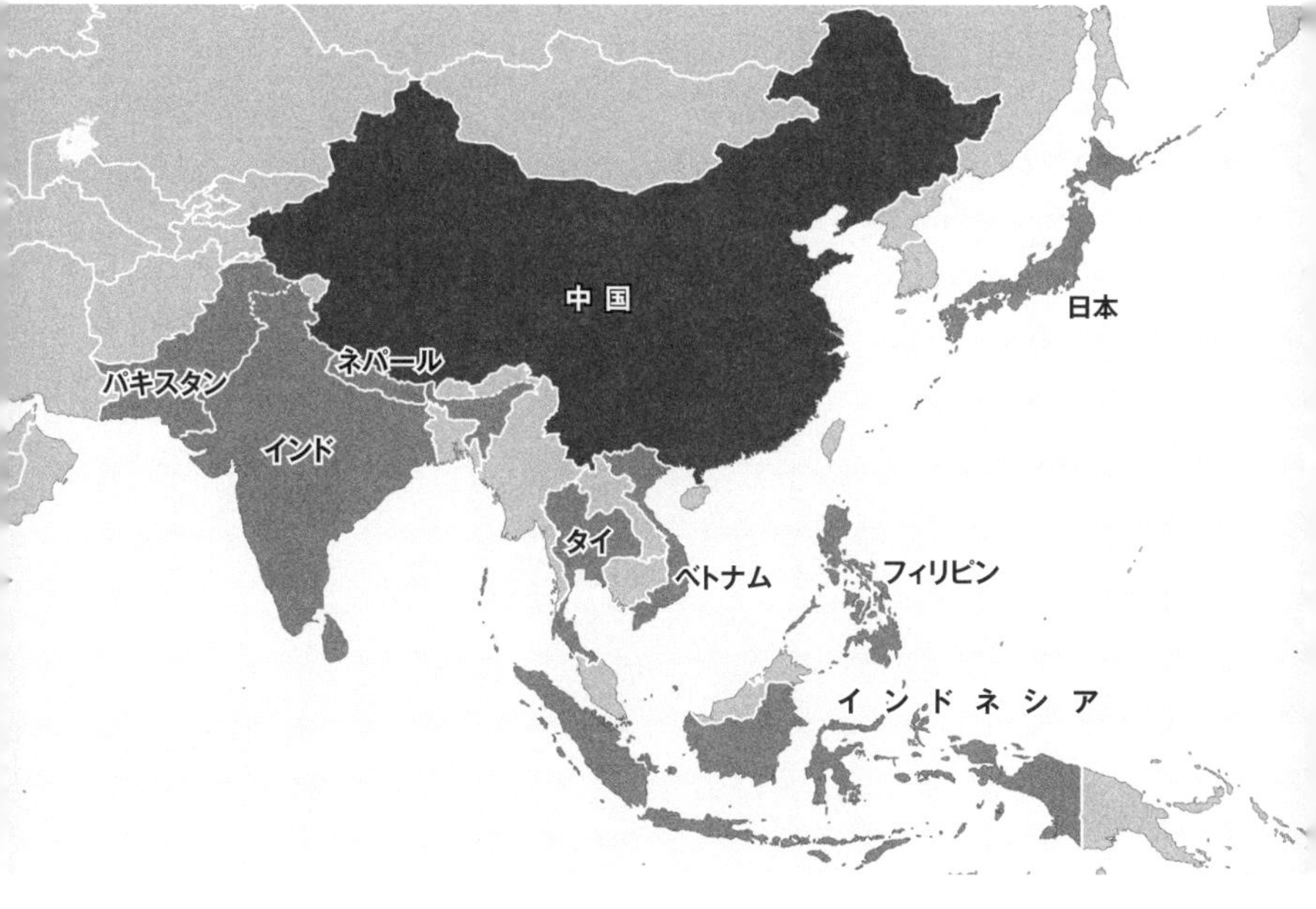

中国を取り囲む周辺諸国。2013年１月、安倍首相は、ベトナム、タイ、インドネシアを訪問。ＡＳＥＡＮ諸国との協力関係強化を謳った「対 ASEAN 外交５原則」を発表した。今、着々と中国包囲網が築かれつつある。

8　もう一度、「日本の繁栄《はんえい》」が訪《おとず》れる

「日本的なるもの」が共通基盤《きばん》になっていく

武田　今、おっしゃったことへの付け足しで結構ですが、国内の成長戦略について、例えば、二〇二〇年には、東京でオリンピックが行われますので、これを機に、東京を未来都市にしようと、本格的な都市改造もありうるかと思うのです。何か、二〇二〇年までに打つべき手がございましたら、お教えいただければ幸いです。

黒田官兵衛　うーん。あのねえ、そんなに焦《あせ》らなくてもいいんですよ。

今、「日本的なもの」を外国に輸出しようと、いろいろ努力してるんだけども、向こうの中国なんかは、工業力における粗雑《そざつ》さから、法律的な面での詰《つ》めの粗雑さ、ブランドやパテントの問題等の粗雑さとかがあって、〝海賊《かいぞく》〟まがいのことを、まだまだいっぱいやってますのでね。それは、最先進国としては通じないものがあるので、その壁《かべ》は出てきます。

だから、いずれ、人々は、品質とかですねえ、そうした、隅々《すみずみ》までサービスの行き届いたもののほうを選択《せんたく》するようになるので、競争戦略のなかで、日本製のものを、いろいろと採用する流れが、だんだん出てくると思うんですね。

そのなかで、しだいに成長が起きてくるところがあると思うんですよ。

だから、まあ、「大東亜共栄圏《だいとうあきょうえいけん》」の成功はなかったかもしれないし、一九八〇年代までは、もう一度それを復活するような流れがあって、クリントン政権の時代に断《た》ち切られ、バブル崩壊《ほうかい》期で、ちょっと苦しみは味わったけども、中国が大きくなりすぎたために、もう一度、日本の繁栄《はんえい》が戻《もど》ってくる。その日本的なるものが、環《かん》太平洋のかなりの部分に共有化されていくことがあると思いますね。

だから、盟主《めいしゅ》になりたかった中国ではなくて、日本的なるものが、いろんなところで、文化的にも、経済的にも、法律的にも、いろんな意味での共通基盤《きばん》として出来上がってくるようになると思うんですねえ。

そうすると、日本国内を道州制にするような小さな話ではなくてね、何と言うか、日本の州に準ずるような、準州というかたちの国が、アジア・太平洋圏に幾《いく》つかできてきて、自由に行き来ができるような経済圏、文化圏、それから、ビザなしで行き来ができるようなものがいっぱいできてき始めると、逆に、そうとう大きなものができてくるだろうと思うんですね。

まあ、ここが踏《ふ》ん張りどころでしょう。

私は、未来は決して、そんなに暗いとは見てないし、やっぱり、「アジア・アフリカの先生が、中国であるか、日本であるか」という〝踏み絵〟になると思うんですよ。

だから、まあ、アメリカまでは届かない。まだね、届かないけども、「中国か、日本か」という〝踏み絵〟になるし、中国がだいぶ、いろんなところを侵食《しんしょく》していってはいるんだけども、いずれ、日本に、その全部を引っ繰《く》り返されていくようにはなると思うんだよねえ。

だから、あんな高速鉄道をつくってもですねえ、そんなものは、いずれ、日本の新幹線システムとの違《ちが》いなんかが明らかに見えてくるので、だんだんに、はっきりはっきりと、その違いは分かってくるわねえ。

全面核《かく》戦争を起こせば中国は滅亡《めつぼう》する

黒田官兵衛　それで、まあ、「核《かく》兵器があるから」と言って脅《おど》したって、なぜ、東京の地下鉄網《もう》ができてるか、やっぱり、よく分からなきゃいけないわねえ。

武田　うーん。

黒田官兵衛　深度何十メートルものところに、地下鉄網がいっぱいあるわけですから、実は、首都は、防空組織になっていて、核兵器にも耐《た》えられるようになってるんです。だから、首都は核兵器で壊滅《かいめつ》しないんですよ。〝地下壕《ごう》〟もいっぱい掘《ほ》っているんで、地下を通じて、もういろんなところに、全部移動できるようになってるんです。この地下網は、そうとうなものです。

これはね、あなたがたには、新聞を通じても知らされていないだけで、「対核兵器戦略としての強力な地下鉄道網」が出来上がってるわけです。これを破壊することはできないですねえ。いかなる核兵器でもできない。とてもできないので、東京を攻撃《こうげき》しても、被害《ひがい》はほとんど出ない。まあ、建物ぐらいは壊《こわ》れますけども、人の被害は極《きわ》めて少ない。みんな、近郊《きんこう》にサーッと逃《に》げられるようになっていますね。

だから、米軍が健在で、第一撃さえ、うまくかわせば、残念ながら、中国なんか、もう、ものの数じゃありません。激しくやればやるほど、あっという間に向こうの滅亡《めつぼう》は来ますので。まあ、手柔《てやわ》らかくやれば、長くかかりますけども、ものすごく強い攻撃をした場合には、中国の滅亡があっという間に来ます。

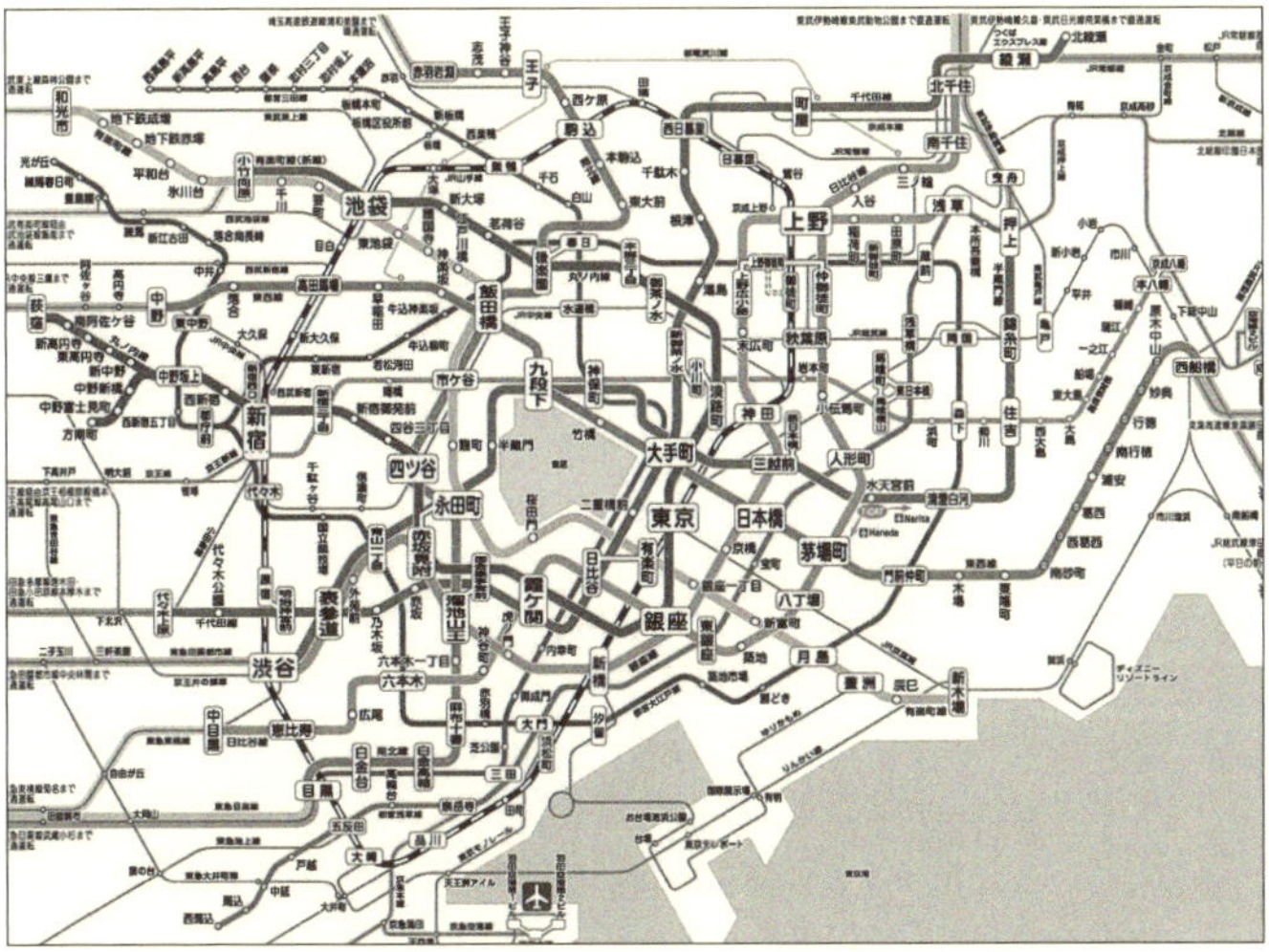

首都圏に網の目のように張り巡らされた世界最大規模の地下鉄網。
（マップ：東京地下鉄株式会社作成）

今、全面核戦争なんかで、アメリカに勝てるはずがありません。まったく相手にならないぐらい、もう赤子《あかご》の手をひねるぐらいに、技術力の差はあるのでね。アメリカも、あらゆるシミュレーションが、全部終わってるんです。「中国との戦争が起きた場合、どうするか」っていうのも、ぜーんぶ終わってるので、もう一瞬《いっしゅん》で判断できるんです。

まあ、十分にシミュレーションができてないのは、「漁船を装《よそお》った軍人が島に上がって、ゲリラ戦が起きたらどうなるか」みたいなところで、これは、まだちょっとねえ、若干《じゃっかん》、突発《とっぱつ》的なことはあるかもしれませんが、いずれにしても、本格的なもんじゃありませんので。それは、ちょっと、三カ月ぐらい時間がかかるかもしれませんけども。

うーん、まあ、ほぼ、シミュレーションは終わってると思うし、日本もバカじゃないので、やっぱり、自衛隊のほうをですねえ、外見上は小さく見せつつも、内実は、そうとうなところまで行ってますわねえ。

だから、あとは、もうすぐ、韓国《かんこく》がギブアップすると思いますね。北朝鮮《きたちょうせん》と日本の両方から挟《はさ》み撃《う》ちされてねえ、やっぱり、たまらない。もう音《ね》を上げ始めてますから、韓国人の大部分は。大統領の周りの取り巻きは別として、大部分は音を上げ始めてて、「もうそろそろやめたほうがいいんじゃないか」と言ってる。

あまりやりすぎると、今はもう、朴《パク》大統領が、お父さんに続いて、暗殺を狙《ねら》われる危険を感じる段階に入ってますからね。

だから、何か方針を変えなきゃいけないと思う。

日本は対米関係を良好に保ちつつ成長戦略に入れ

黒田官兵衛　だから、今、我慢《がまん》比べをやってるんだと思うんですよ。

安倍《あべ》さんは、焦る必要なんか、全然ないと思う。中国・韓国に対しては、全然焦る必要はないので、日本は日本の成長戦略に入ればいい。対米関係だけは上手にクリアしなければいけないけどもね。

アメリカは、マクロ的にはそういうふうに見てるはずなので、「中国のＧＤＰが二倍になった」っていうのを聞いた段階で、「仮想敵国としての中国」が、もう確立しております。だから、中国が、いくら外貨としての米ドルを持ってても、戦端《せんたん》を開けば、それは一瞬にして、全部が紙くずになるし、米国債《こくさい》も一瞬にして紙くずになる。

ヨーロッパのほうは、必ず、アメリカの味方をします。絶対、アメリカのほうに付きますので、勝ち目はないです。ヨーロッパ、アメリカ、日本が組んで、中国が勝つという可能性はないです。「ゼロ」です。はっきり言って、ありませんね。

だから、まあ、その針路さえ間違わなければ大丈夫《だいじょうぶ》ですね。あなたがたは、そのために、今、いいアドバイザーとしてやってるんじゃないんですか。

酒井　ありがとうございます。

9　天才軍師が見た「幸福の科学」像とは

キリスト教と西洋文明のすごさを感じ取っていた

酒井　現代のお話を聞いていますと、「経済」にも、「軍事」にも、かなり詳《くわ》しいですよね？

黒田官兵衛　うん。

酒井　実は、以前、大局を見ることが得意な、ある方の守護霊《しゅごれい》様をお呼びしたところ、「黒田官兵衛だ」とおっしゃっていましたが、そのときに出られていましたでしょうか（『長谷川慶太郎《はせがわけいたろう》の守護霊メッセージ』〈幸福の科学出版刊〉参照）。

黒田官兵衛　うーん？　まあ、本人は、「無神論者だ」とか言って、ホラを吹《ふ》いているからねえ。

酒井　あれは、ホラですか。

黒田官兵衛　私もキリシタンだったけど、秀吉《ひでよし》に棄教《ききょう》させられているからさあ。そういうのがあるので用心深いんだよ。

『長谷川慶太郎の守護霊メッセージ』
（幸福の科学出版）

酒井　やはり、あなたは、キリスト教を本当に信仰《しんこう》されていたわけですね？

黒田官兵衛　やっぱり、多少は感じていたものがある。

まあ、「ハイカラだった」ということかもしらんが、キリスト教と西洋文明のすごさを感じ取ってはいたので。

だから、もし、信長《のぶなが》が、ああいうかたちで死なずに大成して、キリスト教が大々的に日本に入り、キリスト教会が全国に建つようなかたちで、キリスト教文明が入ってきていたら、明治維新は、三百年早く起きていた可能性があると思うね。

『織田信長の霊言』
（幸福の科学出版）

●キリシタン　官兵衛は高山右近のすすめで洗礼。洗礼名「ドン・シメオン」。布教活動にも熱心だったといわれるが、秀吉のバテレン追放令により棄教。

酒井　うーん。

黒田官兵衛　三百年は早かったと思うので、家康《いえやす》側の功罪には、微妙《びみょう》なところがある。歴史を遅《おく》らせた面はあるかもしれませんね。

でも、その代わり、文明実験としては、「鎖国《さこく》実験」っていうのをやったから。日本には、「三百年、鎖国をした」という経験があるから、いざとなれば、「三百年ぐらいなら、中国や韓国《かんこく》と口を利《き》かなくてもいいですよ。三百年ぐらいは、別に構いません。付き合わなくても大丈夫《だいじょうぶ》です」っていうこともできます。

酒井　ところで、今、地上にいる、あなたが守護している方は、長谷川慶太郎さんでよろしいですよね？

黒田官兵衛　うーん。まあ、そういうことになるわねえ。

酒井　ご本人（長谷川慶太郎）は、本当に唯物論者《ゆいぶつろん》なのでしょうか。

黒田官兵衛　年が年だからねえ。そうは言ったってさあ、あの年で「完全な唯物論者」っていうのは存在しないんですよ。

酒井　ああ、そうですか。

黒田官兵衛　頭ではそう思っても、心はそうは思わなくて……。

酒井　では、ご本人に、その信仰について、何かアドバイスはございませんか。

黒田官兵衛　まあねえ……。いやあ、それは、もう大丈夫ですよ。こちらからも、計画を練り上げていますので……。

酒井　何か計画があるのですか。

黒田官兵衛　ええ。ただ、それは言っちゃいけないでしょう？

酒井　あ、言ってはいけない？

黒田官兵衛　うん。これを言っちゃあなあ。

酒井　何かあるのですね？

黒田官兵衛　いやあ、「人生は無限にある」というように思っておくほうが楽しいからね。

あの年で、まだやっているだけでもいいじゃないですか。

早いうちから幸福の科学の発展を予想していた長谷川《はせがわ》氏

黒田官兵衛　でも、地上の頭脳で考えている長谷川《はせがわ》慶太郎でも、もう早い段階から、「幸福の科学は、まだまだ伸《の》びる」ということを予想していましたから。

酒井　なるほど。

黒田官兵衛　そのへん、目利きは目利きですから、ちゃんとやってます。

酒井　では、官兵衛様は、幸福の科学を、どう見ていらっしゃったのですか。

黒田官兵衛　いやあ、これは、「宗教界の豊臣《とよとみ》秀吉」なんじゃないの？

酒井　いつごろから、そう思われていましたか。

黒田官兵衛　え？　そりゃあ、一九八九年から九〇年ぐらいだね。

酒井　ああ、そのあたりから、すでに見抜《みぬ》いていたと？

黒田官兵衛　うん。

酒井　この先の未来も予測できるのでしょうか。

黒田官兵衛　（幸福の科学には）敵がいないじゃない？　まったく無敵状態だよ。

各界の隠《かく》れファンが望む、「幸福の科学に期待すること」とは

酒井　では、先ほど言われた、今後の「日本の未来」と「幸福の科学」の関連性について教えていただけますか。

黒田官兵衛　うーん、まあ、これは、君らの身を守らなければいかん面もあるので……。

酒井　ああ、そうですね。

黒田官兵衛　多少、「カメレオン戦略」が必要だから、あまりはっきり言いすぎることがいいことかどうかは分からないけども……。

酒井　はい。

黒田官兵衛　いや、君らの隠《かく》れファンというか、まあ、財界・政界・言論界を含《ふく》めて、私たちのような言論人や知識人たちのファンは、すでに、そうとう深く根が下りてきております。

酒井　なるほど。

黒田官兵衛　要するに、そういう人たちは、「この左翼《さよく》的な安保《あんぽ》以降の流れを逆転させる考え方の主力は、ここ（幸福の科学）だ」と思っているので、ある意味で、「戦艦大和《せんかんやまと》」に見えてますね。

酒井　そう見えているのですね？

黒田官兵衛　うん、戦艦大和ですね。そういうふうに見えてると思いますよ。だから、その意味で、隠れた期待は、すっごく強くある。

酒井　期待が強くなって……。

黒田官兵衛　うん。すごく強くなる。

酒井　今後、それは、さらに強くなるのですか。

黒田官兵衛　みんな、「政界だけではなくて、教育界、経済界、他には経営者など、いろいろなところに影響《えいきょう》を及《およ》ぼしていくだろう」と思って見ているし、「できたら、頑張《がんば》って、日本を素晴《すば》らしい国にしてもらいたい」っていう気持ちを持っている。今の政権側の人たちだって、あなたがたに期待している面は、すごく大きいよ。そんなに過小評価なんかしていないよ。これだけのことが言える宗教なんて、出てきたことがないです。

ほかの宗教とも、票を取るために付き合ってはいますよ。それは、自民党だろうと、ほかの政党だろうと同じですけど、やっぱり、みんな、違《ちが》いを知っていて、よく分かってる。

力がある人ほど、違いがはっきり分かっているし、財界人だって、もうはっきり分かっていますよ。もう完全に分かってる。

だから、「入信するかどうか。信者になるかどうか。会員になるかどうか」っていうことは別にして、精神的に頼《たよ》っている人たちは、ある意味で、すでに信者なわけですから（笑）。ただ、立場があるから、そういうようには見せないでいるけどもね。

官兵衛が見抜《みぬ》く「大川隆法の知性」

黒田官兵衛　まあ、私も、地上の人生としては、もう、九十が近づいてきているから、現役《げんえき》で、そんなに長くはいられないかもしれないけども、安心して見ていますよ。

酒井　なるほど。

黒田官兵衛　「大川隆法さんが、あとの日本の繁栄《はんえい》を引っ張ってくれる」と思っているので、あとは頑張って……。

まだ若いじゃないですか。私の年まで何歳《さい》あるの？　まだ三十年はある。だから、あと三十年は言論を出せるし、そりゃあ、どう見たって、頭は、私よりいいですよ。

「私よりいい」というのは、まあ、私は軍師的な意味で、理性的・知性的に判断して意見を言うことはできるけども、この人の場合は、その軍隊のほうだって動かせる知性を持っているので、そういう意味での、「大将軍」や「王様」のほうの力、「帝王学《ていおう》」のほうも持っている人だわねえ。

私らみたいに、カミソリ的な使い方だけではない〝あれ〟ができると思うよ。

たぶん、単に政府にアドバイスするだけの存在ではないと思うので、政治的にどう成功するかは、「今後のお楽しみ」ですね。

いずれ、百年もしたら、まあ、ＮＨＫはもうないだろうけれども、ＮＨＫに代わるテレビ局が、大河《たいが》ドラマで、「日の昇《のぼ》る国」とかいって、大川隆法のドラマを、一年間やってくれるかもしれないですな。

酒井　なるほど。分かりました。

黒田官兵衛　うん。

10　本人が語る大河《たいが》ドラマ「軍師官兵衛」の見方

「左翼《さよく》」や「社会民主主義的な考え方」が主力のNHK

酒井　今回の霊言《れいげん》の最初の趣旨《しゅし》としては、「大河《たいが》ドラマの視聴率《しちょうりつ》が低い」というところから始まっていますので、最後に、「大河ドラマを楽しく観《み》るための方法」、あるいは、「黒田官兵衛という方の本を読むときの面白《おもしろ》い読み方、楽しむための読み方」や「どうしたら楽しめるか」について、何か一言、お願いします。

黒田官兵衛　まあ、それは、脚本家《きゃくほんか》やプロデューサーあたりの考え方にもよるけども。

今、NHKも攻撃《こうげき》を受けていますのでね。「国営放送じゃないんだ。公共放送だ」なんて言い始めたあたりから、もうだいたい……。まあ、それは、「国民じゃなくて、市民だ」と言っているのと同じ言い方だよね。

要するに、「左翼《さよく》」か「社会民主主義的な考え方」が主力になっているということだ。

ただ、こうした戦後日本を引っ張ってきたリベラル派の考え方が、幸福の科学の勢力の伸長《しんちょう》と共に、今、少しずつ地滑《じすべ》り的に敗退してきつつあるので。

まあ、今、産経新聞から攻撃を受けているけども、このままの姿勢を続けていると、もし、政府のほうに、「公共放送で構いませんから、どうぞやってくださ い。こちらは別に国営放送をつくります」と決められたら、国民から受信料を徴収《ちょうしゅう》するのは厳しいことになるでしょう？　はっきり言うと、「潰《つぶ》そうと思えば、いつでも潰せる」っていうことですよ。

政府から、「きちんとした第二国営放送をつくります。ＮＨＫは、どうぞ公共放送でやってください」と言われたとたんに、大リストラになります。それをやられるぐらいでしたら、すぐに方向を変えていかざるをえないでしょうなあ。

まあ、（ＮＨＫは）やや左に寄っているのでね。去年も、反薩長《さっちょう》方の会津《あいづ》、つまり、官軍に敵する側のほうのをやっていましたし（大河ドラマ「八重《やえ》の桜」）、「あまちゃん」なんかもあったが、それは、被災地側である東北寄りの考え方で、同時に、原発なんかに反対するほうの、「環境《かんきょう》左翼」のほうにも近い考えだろうと思います。

今は凌《しの》ぎ合っていますけども、おそらく、最後は、国にねじ伏《ふ》せられるでしょうね。だから、今、経営陣《じん》も入れ替《か》わりつつはありますけども（『ＮＨＫ新会長・籾井勝人《もみいかつと》守護霊本

『ＮＨＫ新会長・籾井勝人守護霊本音トーク・スペシャル』
（幸福の科学出版）

音トーク・スペシャル』〔幸福の科学出版刊〕参照）。

黒田官兵衛の「本当の魅力《みりょく》」を描くために必要なものとは

黒田官兵衛　おそらく、「軍師官兵衛」で、黒田官兵衛の「親子の情」だとか、「女に対する情」だとか、「家族愛」だとか、そんなものばかり描き始めるようだったら、もうこりゃあ、あかんので。

それは、「軍略」や「兵法」みたいなところが、時代遅《おく》れで軍国主義に見えるから、そういうものに対して触《ふ》れずに、まあ、キリシタンのほうも出すかもしらんけども、ほかのところ、つまり、人間性のほうを強く押《お》し出して、「黒田官兵衛は、いい人だった」みたいな感じで描いていくようだったら、それは、本当の意味での私の魅力《みりょく》を描き切れていない。

酒井　では、本当に黒田官兵衛様を知るには、「軍略・兵法」、このあたりを……。

黒田官兵衛　それをやらなきゃね。今、日本に必要なものは、それですから。同じですよ。

酒井　それをつかめと？

黒田官兵衛　ええ。日本に必要なのは、それです。それを提言してこそ、「国民的放送局としての使命を果たした」と言えるわねえ。

今、日本の企業《きぎょう》にも、もちろん、政府にも「戦略性」が必要だし、国民にも、それを理解してもらう必要がある。

その国家戦略なくして、単なる、「左からの攻撃」というか、「個人を大事にしよう。小さなものを大事にしよう」というような運動や「環境を美化しよう」という運動みたいなもので、国の経済をやられたのでは困りますわな。

だから、「このへんがどうなるか」は、「今年、このドラマが成功するかどうか」の見所ですね。

だから、このへんで、兵法や軍略など、そうした企業の戦略にも通じる部分、あるいは、企業に働く人たちにも共感を呼ぶような部分が描けなかったら、成功ではないでしょうね。

「負け戦《いくさ》」側の人々への同情が主力になると国は沈《しず》んでいく

黒田官兵衛　この前の会津のドラマは、何だっけ？　あの鉄砲《てっぽう》を撃《う》つ人をやったよねえ？

酒井　新島八重《にいじまやえ》ですね。

黒田官兵衛　ええ。「八重の桜」は、若くて美人な人を使ったから、かっこよかったかもしらんけども、現実には、負け戦《いくさ》の判断ができなかった人ですからねえ。「負け戦の判断ができなくて、抵抗《ていこう》していたのをほめ称《たた》える」っていう心情はね、気をつけないと、この国が沈《しず》んでいく方向性になる可能性があると思うよ。

酒井　そうですね。

黒田官兵衛　同情するのは結構だけども……。まあ、同情はあってもいいと思う。「コンパッション」は、キリスト教にもあるから、あってもいい。

しかしながら、同情が主力になったら、国としては沈んでいく。ここは忘れち

●「八重の桜」　2013年ＮＨＫ大河ドラマ。幕末の会津藩で戦乱に巻き込まれながらも、維新後、同志社の創立者・新島襄の妻となった八重の生涯を描いた。

ゃいけないところだね。

やはり、勝たねばならないし、繁栄《はんえい》しなければいけない。吸収されるよりは、吸収する側になったほうがよろしいし、倒《たお》されるよりは、倒すほうにならなければいけない。それが、多くの国民に対して責任を持っている者の態度だと思いますね。

酒井　はい。本日は、まことに、ありがとうございました。

黒田官兵衛　うん、うん、はい。じゃあ、ありがとう。

大川隆法　（手を二回叩《たた》く）はい。

黒田官兵衛の霊言《れいげん》を終えて

大川隆法　それらしい雰囲気《ふんいき》が出ていました。もう「裏取り」ができたような感じです。長谷川慶太郎さんは、〝冥土《めいど》の土産話《みやげばなし》〟として、どうぞ、持っていってください。

「無神論」と言っても結構ですが、このように、守護霊が本人と変わらないような方ですのでね。

キリシタン、バテレンでも何でも、何を信仰《しんこう》なされても結構ですが、まあ、評論家の立場として、色が付かないように努力しているのではないでしょうか。たぶん、そうだと思います。

ただ、頭のよい方なので、おそらく分かっているでしょう。

意外に、「自分と同じような思想的な判断ができる人は、宗教家だけれども、大川隆法のようなタイプの人だ」と思っているだろうと思いますよ。

酒井　はい。

大川隆法　まあ、ドラマも、ある程度、成功するとよいですね。

酒井　はい。ありがとうございました。

あとがき

「黒田官兵衛ってどういう人？」「軍師ってどんなことを考える人？」と問われるならば、国際エコノミストの「長谷川慶太郎《はせがわけいたろう》さんみたいな人だ」と答えて間違いなかろう。本人は、冷徹《れいてつ》な分析、洞察《どうさつ》をしているので、表面意識的には無神論・唯物論的な傾向を持っているように感じられるが、現実には、神近き千里眼を持っているということだ。

名・内閣官房長官だった故・後藤田正晴《ごとうだまさはる》氏も、生きていた当時は、無神論・唯物論的傾向がうかがわれたが、彼の守護霊は、あっさりと自分の過去世は軍師・竹中半兵衛《たけなかはんべえ》だと答えた。確かに名軍師的な現実分析能力に優れ、危機管理の名人だった。

今の日本にも軍師、名参謀が必要だろう。よく見つけ出し、育て、活躍の場を与えることも、重要な国家戦略だろう。

二〇一四年　一月二十九日

幸福《こうふく》の科学《かがく》グループ創始者兼総裁《そうししゃけんそうさい》　大川隆法《おおかわりゅうほう》

『軍師・黒田官兵衛の霊言』大川隆法著作関連書籍

『ハイエク「新・隷属への道」』（幸福の科学出版刊）
『長谷川慶太郎の守護霊メッセージ』（同右）
『ＮＨＫ新会長・籾井勝人守護霊本音トーク・スペシャル』（同右）
『太閤秀吉の霊言』（同右）
『徳川家康の霊言』（同右）
『織田信長の霊言』（同右）
『真の参謀の条件』（幸福実現党刊）
『日本武尊の国防原論』（同右）
『カミソリ後藤田、日本の危機管理を叱る』（同右）

軍師《ぐんし》・黒田官兵衛《くろだかんべえ》の霊言《れいげん》

――「歴史の真相」と「日本再生、逆転の秘術」――

2014年2月19日　初版第1刷

著　者　　大川《おおかわ》隆法《りゅうほう》

発行所　　幸福の科学出版株式会社

〒107-0052 東京都港区赤坂2丁目10番14号
TEL(03)5573-7700
http://www.irhpress.co.jp/

印刷・製本　株式会社 堀内印刷所

落丁・乱丁本はおとりかえいたします

ISBN978-4-86395-436-6 C0030
photo：アフロ／Mukai

大川隆法霊言シリーズ・最新刊

堺雅人の守護霊が語る 誰も知らない「人気絶頂男の秘密」

個性的な脇役から空前の大ヒットドラマの主役への躍進。いま話題の人気俳優・堺雅人の素顔に迫る110分間の守護霊インタビュー！

1,400円

NHK新会長・籾井勝人《もみいかつと》守護霊 本音トーク・スペシャル

タブーにすべてお答えする

「ＮＨＫからマスコミ改革の狼煙を上げたい！」いま話題の新会長が公共放送の問題点に斬り込み、テレビでは言えない本音を語る。

1,400円

なぜ私は戦い続けられるのか

櫻井よしこの守護霊インタビュー

「日本が嫌いならば、日本人であることを捨てなさい！」日本を代表する保守論客の守護霊が語る愛国の精神と警世の熱き思い。

1,400円

幸福の科学出版

幸福の科学グループのご案内

宗教、教育、政治、出版などの活動を通じて、地球的ユートピアの実現を目指しています。

宗教法人　幸福の科学

一九八六年に立宗。一九九一年に宗教法人格を取得。信仰の対象は、地球系霊団の最高大霊、主エル・カンターレ。世界百カ国以上の国々に信者を持ち、全人類救済という尊い使命のもと、信者は、「愛」と「悟り」と「ユートピア建設」の教えの実践、伝道に励んでいます。

（二〇一四年二月現在）

愛

幸福の科学の「愛」とは、与える愛です。これは、仏教の慈悲《じひ》や布施《ふせ》の精神と同じことです。信者は、仏法真理をお伝えすることを通して、多くの方に幸福な人生を送っていただくための活動に励んでいます。

悟り

「悟り」とは、自らが仏の子であることを知るということです。教学《きょうがく》や精神統一によって心を磨き、智慧《ちえ》を得て悩みを解決すると共に、天使・菩薩《ぼさつ》の境地を目指し、より多くの人を救える力を身につけていきます。

ユートピア建設

私たち人間は、地上に理想世界を建設するという尊い使命を持って生まれてきています。社会の悪を押しとどめ、善を推し進めるために、信者はさまざまな活動に積極的に参加しています。

国内外の世界で貧困や災害、心の病で苦しんでいる人々に対しては、現地メンバーや支援団体と連携して、物心両面にわたり、あらゆる手段で手を差し伸べています。

年間約３万人の自殺者を減らすため、全国各地で街頭キャンペーンを展開しています。

公式サイト　www.withyou-hs.net

ヘレン・ケラーを理想として活動する、ハンディキャップを持つ方とボランティアの会です。視聴覚障害者、肢体不自由な方々に仏法真理を学んでいただくための、さまざまなサポートをしています。

公式サイト　www.helen-hs.net

教育

学校法人 幸福の科学学園

学校法人 幸福の科学学園は、幸福の科学の教育理念のもとにつくられた教育機関です。人間にとって最も大切な宗教教育の導入を通じて精神性を高めながら、ユートピア建設に貢献する人材輩出を目指しています。

幸福の科学学園

中学校・高等学校（那須本校）
2010年4月開校・栃木県那須郡（男女共学・全寮制）
TEL **0287-75-7777**
公式サイト **happy-science.ac.jp**

関西中学校・高等学校（関西校）
2013年4月開校・滋賀県大津市（男女共学・寮及び通学）
TEL **077-573-7774**
公式サイト **kansai.happy-science.ac.jp**

幸福の科学大学（仮称・設置認可申請予定）
2015年開学予定
TEL **03-6277-7248**（幸福の科学 大学準備室）
公式サイト **university.happy-science.jp**

仏法真理塾「サクセスNo.1」 TEL **03-5750-0747**（東京本校）

小・中・高校生が、信仰教育を基礎にしながら、「勉強も『心の修行』」と考えて学んでいます。

不登校児支援スクール「ネバー・マインド」 TEL **03-5750-1741**
心の面からのアプローチを重視して、不登校の子供たちを支援しています。
また、障害児支援の「**ユー・アー・エンゼル!**」運動も行っています。

エンゼルプランV TEL **03-5750-0757**
幼少時からの心の教育を大切にして、信仰をベースにした幼児教育を行っています。

シニア・プラン21 TEL **03-6384-0778**
希望に満ちた生涯現役人生のために、年齢を問わず、多くの方が学んでいます。

NPO 活動支援

学校からのいじめ追放を目指し、さまざまな社会提言をしています。また、各地でのシンポジウムや学校への啓発ポスター掲示等に取り組むNPO「いじめから子供を守ろう！ネットワーク」を支援しています。

公式サイト **mamoro.org**
ブログ **mamoro.blog86.fc2.com**
相談窓口 **TEL.03-5719-2170**

政治

幸福実現党

内《ない》憂《ゆう》外《がい》患《かん》の国難に立ち向かうべく、二〇〇九年五月に幸福実現党を立党しました。創立者である大川隆法党総裁の精神的指導のもと、宗教だけでは解決できない問題に取り組み、幸福を具体化するための力になっています。

党員の機関紙
「幸福実現NEWS」

TEL 03-6441-0754
公式サイト hr-party.jp

出版 メディア事業

幸福の科学出版

大川隆法総裁の仏法真理の書を中心に、ビジネス、自己啓発、小説など、さまざまなジャンルの書籍・雑誌を出版しています。他にも、映画事業、文学・学術発展のための振興事業、テレビ・ラジオ番組の提供など、幸福の科学文化を広げる事業を行っています。

大川隆法著作シリーズ

アー・ユー・ハッピー？
are-you-happy.com

ザ・リバティ
the-liberty.com

幸福の科学出版
TEL 03-5573-7700
公式サイト irhpress.co.jp

入会のご案内

あなたも、幸福の科学に集い、ほんとうの幸福を見つけてみませんか？

幸福の科学では、大川隆法総裁が説く仏法真理をもとに、
「どうすれば幸福になれるのか、また、
他の人を幸福にできるのか」を学び、実践しています。

入会

大川隆法総裁の教えを信じ、学ぼうとする方なら、どなたでも入会できます。入会された方には、『入会版「正心法語」』が授与されます。（入会の奉納は1,000円目安です）

ネットでも**入会**できます。詳しくは、下記URLへ。
happy-science.jp/joinus

三帰《さんき》誓願《せいがん》

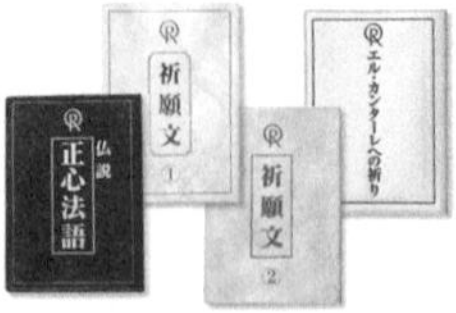

仏弟子としてさらに信仰を深めたい方は、仏・法・僧の三宝への帰依を誓う「三帰誓願式」を受けることができます。三帰誓願者には、『仏説・正心法語』『祈願文①』『祈願文②』『エル・カンターレへの祈り』が授与されます。

植福《しょくふく》の会

植福は、ユートピア建設のために、自分の富を差し出す尊い布施の行為です。布施の機会として、毎月1口1,000円からお申込みいただける、「植福の会」がございます。

「植福の会」に参加された方のうちご希望の方には、幸福の科学の小冊子（毎月1回）をお送りいたします。詳しくは、下記の電話番号までお問い合わせください。

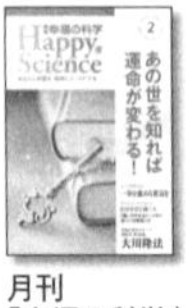

月刊「幸福の科学」

ザ・伝道

ヤング・ブッダ

ヘルメス・エンゼルズ

INFORMATION	幸福の科学サービスセンター **TEL. 03-5793-1727**（受付時間 火～金：10～20時／土・日：10～18時） 宗教法人 幸福の科学 公式サイト **happy-science.jp**